KB041893

ROBLOX

Written by Alex Wiltshire and Craig Jelley
Edited by Craig Jelley
Designed by John Stuckey and Andrea Philpots
Illustrations by Ryan Marsh, John Stuckey and Joe Bolder
Production by Louis Harvey
Special thanks to the entire Roblox team

All statistics featured in this title were based on information publicly available on the
Roblox platform and were correct as of March 2018.

Original title: Roblox Top Adventure Games
Korean translation copyright 2018 by Youngjin.com Inc.
This edition is published by arrangement with Egmont UK Limited through KidsMind Agency,
Korea.

이 책의 한국어판 저작권은 키즈마인드 에이전시를 통해 Egmont UK 와 독점계약한 ㈜영진닷컴에 있습니다 .
신 저작권법에 의해 한국 내에서 보호를 받는 저작물이므로 무단 전재와 복제를 금합니다 .

1 판 1 쇄 2018 년 10 월 30 일
ISBN 978-89-314-5802-2

발행인 김길수
발행처 (주) 영진닷컴
주소 서울시 금천구 가산디지털 2 로 123 월드메르디앙벤처센터 2 차 10 층 1016 호 (우)08505
등록 2007. 4. 27. 제 16-4189 호

Staff
번역 추성호 , Feleloua, 성진 , 감나무님 , 한주 / 총괄 김태경 / 진행 최윤정 / 편집 고은애

ROBLOX
로블록스 공식 가이드북 어드벤처 게임 편

Y.

목차

소개

잠깐! 거기 당신!

그래, 바로 너.
언젠가는 좋은 모험가가 되기에 딱 좋아 보이는군.
하지만 너무 설레발은 치지 마.
적절한 준비 없이 뛰어들면 절대 안 되니까.
운이 좋다면 팔다리 중 하나를 잃어버릴 테고,
운이 좋지 않다면 죽어버릴 수도 있거든.

하지만, 마침 나의 용감한 기사들이 네가 Robloxia의 위험에서 더 쉽게 살아남고
구석구석을 정복할 수 있는 방법과 조언들을 모으고 있었다네.
이 다음 페이지에서 나의 축복을 너에게 전해주리.
지금 이 책에 담겨있는 정보들을 따른다면,
Robloxia의 어느 곳에서든 살아남을 수 있을 거라네.
세기말의 풍경에서 살아남는다거나,
악당들로 가득 찬 도시에서 슈퍼히어로가 된다거나,
아니면 수상한 일이 일어나는 건물을 청소한다거나…
나의 동지들은 당신이 이 위대한 책을 읽고 나면 모두 이해하게 될 거라고 말해주더군.

용감한 선구자여, 이 책과 함께 너의 풍요로운 여정이 성공하길 기원하노라.
이 책의 조언을 주의깊게 읽고, 너의 여정을 도와줄 사람들과 함께 나아가거라.

REDCLIFF ELITE COMMANDER

TREELANDS

잊혀진 숲속 깊은 곳의 캐노피 안에는 평화로운 TreeLands의 세상이 있습니다.
당신의 이름이 새겨진 나무집이 있는 곳이죠.
TreeLands에서는 여러 종류의 과일을 수확하고 교환할 수 있고,
탈것들로 여기저기를 돌아다닐 수 있으며, 나무 위의 집을 멋지게 꾸밀 수 있습니다.

TreeLands는 다른 많은 나무집에 사는 사람들과 중앙 마을에 사는 사람들의 집입니다. 가운데에 있는 건물은 NewFissy와 Suhreen의 집이죠. 당신이 과일을 사거나 판매할 수 있는 곳이기도 합니다.

이 게임에선 다양한 과일을 발견하고, 마을에서 교환할 수 있습니다. TreeLands의 거의 모든 곳에서 과일을 찾아볼 수 있죠. 사과처럼 흔한 과일도 있지만, 다른 희귀한 종류들의 과일을 찾으려면 조금의 운과 함께 멀고 먼 길을 떠나야 할 것입니다.

당신의 나무집에선 모든 것을 마음대로 꾸밀 수 있습니다. 몇 층으로 지을지, 방은 어떻게 나눌 것인지, 방을 어떻게 꾸밀 것인지요. 또한, 과일을 기르고 수확할 수 있는 장비들도 나무집에 설치할 수 있습니다. 장비를 설치하면, 과일에 크게 신경 쓰지 않아도 금과 은을 모을 수 있어요.

게임 정보

스튜디오	Fissy Games
하위 장르	건설, 시뮬레이션, 거래
방문자수	
즐겨찾기	

당신을 위한 꿀팁

조합
다른 나무로 옮겨 가기 전에, 바구니를 조합해서 거대한 슈퍼 과일을 만들어 보세요. 그뿐만 아니라 슈퍼 과일을 분해하여 다른 조합으로 더 크고 더 비싼 과일을 만들 수도 있어요.

웨이포인트
당신은 수확용 기계로 골드를 벌 수 있지만, 기계를 잠금 해제하기 위해서는 특정한 과일을 가져가야 합니다. 건설 메뉴의 수확 탭에서, 수확용 기계를 선택하고 배치를 누르세요. 그러면 화살표가 과일의 위치를 알려 줄 거예요!

위치 안내기
당신의 나무집으로 더 편하게 돌아가기 위해 나무집에 표시를 해놓는 것도 중요해요. 가로등, 원형등, 텔레포터와 같이 눈에 잘 띄는 요소를 나무집에 설치해 보세요.

탈것
걸어서 이곳저곳을 다니기엔 너무 느리다고 생각할 수도 있어요. 그래서 당신에게 도움이 되는 여러 탈것이 준비되어 있습니다. 소형 비행선이나 자이로콥터로 여기저기 날아다닐 수도 있고, 아니면 화물 트럭으로 중요한 장비들을 실어 나를 수도 있죠.

NEWFISSY

개발 그룹 Fissy Games의 반쪽이자 TreeLands의 개발자인 NewFissy는 2011년부터 Roblox에서 게임 개발을 해왔습니다. 그와 함께 게임 커뮤니티의 중요성과 영향력, 그리고 그가 어떻게 그의 인기 게임을 더 발전시켰는지에 대해 이야기해 봤습니다.

커뮤니티의 중요성에 대하여
NewFissy에게 가장 중요한 게임의 요소는 무엇일까요? "아무리 게임이 창의적이고 화려하게 만들어졌어도, 플레이어의 커뮤니티 층이 두텁지 않으면 성공하지 못할 것입니다." Roblox엔 수백만 명으로 이루어진 커뮤니티가 있죠. NewFissy의 말을 빌리자면 이렇습니다. "단 한 번의 클릭으로 게임에 접속하고, 게임을 즐길 수 있습니다."

커뮤니티의 영향력에 대하여
TreeLands에 있어서 커뮤니티는 중요한 존재입니다. 그래서 NewFissy는 그들의 의견을 듣기 위해 커뮤니티를 자주 확인합니다. "알파 테스트 이후에, TreeLands를 위해 한 결정들은 커뮤니티의 의견을 최소한이라도 반영하려고 노력했습니다. 저는 5분마다 TreeLands에 대한 건의사항의 알림을 받곤 해요.

그리고 그중 많은 것들이 게임에 적용되죠."

TreeLands의 앞으로의 행보에 대하여
TreeLands는 2016년 초에 beta를 출시했습니다. 플레이어들은 업데이트를 기다렸고, 업데이트가 나오자마자 다들 즐겼죠. 그렇다면 앞으로 TreeLands의 뿌리는 어디로 뻗게 될까요? "우리에겐 앞으로의 TreeLands를 위한 몇 가지 계획이 있습니다. (1) Xbox 지원 (2) 나무집에 과일을 저장해 둘 수 있는 바구니 (3) 비행기죠." 이 모든 것들은 커뮤니티에서 가장 많은 요청을 받은 건의사항이기도 합니다.

APOCALYPSE RISING

Apocalypse Rising은 당신이 알고 있는 세계 종말을 그대로 옮겨놨습니다.
당신을 포함한 수많은 생존자가 작은 마을인 Kin 인근의 안전구역으로 피난을 떠났습니다.
과연 당신은 대종말에서 살아남을 수 있을까요?
아니면 다른 생존자가 당신을 이길까요?

당신은 구불구불한 언덕에 둘러싸인 거대한 맵에 스폰됩니다. 살아남는 데 도움이 될 권총 한 자루와 손전등과 함께요. 가끔 좀비의 이상한 신음 소리를 들을 수도 있습니다. 아니면 비가 내리는 넓디넓은 하늘을 볼 수도 있죠.

버려진 빌딩은 쓸만한 것을 찾기에 좋은 장소입니다. 대부분의 경우 음식, 음료, 그리고 체력을 회복할 수 있는 의약품이 있고, 당신의 화력을 보강할 무기나 총알도 있습니다. 또한, 탈것이나 구조물 건설을 위한 자재도 있죠.

평소와는 달리 발 빠른 좀비들이 맵 곳곳을 어슬렁거리기도 합니다. 하지만 조심해야 할 것은 좀비만이 아닙니다. 모든 플레이어가 생존을 위한 투쟁을 하고 있습니다. 그러니 다른 플레이어들을 조심하세요 – 당신을 죽이고 아이템을 훔쳐갈 수 있으니까요.

자원을 적절하게 모을 정도로 긴 시간을 살아남으면, 좀비와 다른 플레이어의 공격을 피할 수 있는 요새를 만들 수 있습니다. 또한, 탈것에 공간을 만들어 남아있는 아이템을 보관할 수도 있습니다.

게임 정보

개발자	Gusmanak & Zolarketh
하위 장르	생존, PvP, 슈팅
방문자수	
즐겨찾기	

당신을 위한 꿀팁

간단한 짐
다른 필요한 아이템간의 균형을 맞춰야 할 때 인벤토리 정리는 정말로 어렵죠. 밀리터리 백팩과 같이 큰 가방을 찾으면, 더 많은 인벤토리 슬롯을 확보하여 아이템을 더 편하게 정리할 수 있습니다.

협동 모드
당신이 돌아다닐 때 당신의 등 뒤를 지켜줄 믿음직한 동료를 모집하세요. 두 명 이상의 인원으로 플레이하면 아이템을 모으기 더 쉽습니다. 동료들이 당신에게 접근하는 플레이어와 좀비를 잡을 수 있기 때문이죠.

쓸만한 무기들
크로우바와 같은 근접 무기는 당신이 곤경에 처했을 때 빛을 발합니다. 근접 무기는 총알을 쓰지 않아 장전할 필요가 없기 때문에, 구석에 몰렸을 때나 수많은 좀비를 상대할 때 큰 도움이 됩니다.

헤드샷
좀비에게 총알을 뿌려 소중한 총알을 낭비하지 마세요. 대부분의 총은 좀비의 머리에 정확하게 총알 한 발도 맞혀도, 좀비를 죽이기엔 충분합니다. 바라건대, 최소한은 그렇습니다.

GUSMANAK

"Apocalypse Rising"의 최고의 두뇌를 맡은 Gusmanak은 무려 10억 명의 플레이어를 좀비로 감염된 어두운 세계로 끌어들였습니다. 그는 단 하나의 대히트 게임에 만족하지 않고 지금도 후속작 개발에 힘쓰고 있습니다. 우리는 그에게 어떻게 개발 실력을 쌓았는지, 후속작의 개선점은 무엇인지, 그리고 어떻게 협동적인 플레이어가 될 수 있는지에 대해 물어봤습니다.

팀으로 일하는 것에 대하여
Apocalypse Rising 같이 광활한 게임은 단 한 사람이 만들어낸 작품이 아닙니다. Gusmanak은 팀의 역할에 대해서 이렇게 말합니다. "제가 하는 일 중 대부분은 팀을 관리하는 것입니다. 즉, 딱 맞는 사람을 찾아서 그 사람과 함께 최대한 열심히 하는 것이죠. 저는 사람들을 바짝 다잡으며 팀을 운영해 나가고 있습니다."

Roblox에 기여하는 것에 대하여
게임을 만드는 것, 레벨을 만들거나 아이템 디자인을 하는 것은 어려운 일입니다. 하지만 Gusmanak은 Roblox가 그걸 간단하게 만들어 준다고 믿고 있죠. "어느 한 곳에서 시작한다는 건 쉬운 일이에요. 스크립팅을 연습하고 싶다면, 몇 분 안에 스튜디오 플레이스에서 테스트를 해 볼 수 있죠. 옷을 만들고 싶다 하더라도 똑같을 거예요. 레벨을 디자인하고 싶을 때에도, 업로드하고 테스트하는 것은 식은 죽 먹기죠."

Apoc에서 생존하기 위한 조언에 대하여
"절대 아무도 믿지 마세요."가 잔혹한 세기말의 세상에서 오래 살아남기 위한 그의 조언입니다. PvP는 이 게임의 핵심이지만, 옥에 티가 없는 것은 아닙니다. "게임의 그룹 시스템의 경우, 리더가 멤버를 순식간에 강퇴시킬 수 있어요. 그러면 강퇴당한 멤버는 경고도 없이 그룹에서 제외되고 죽임당하죠. 후속작인 Apoc 2에서는 절대로 이를 허용하지 않을 겁니다."

JAILBREAK

고양이와 쥐의 관계를 연상시키는 오픈 월드 게임 Jailbreak에서 범죄의 삶을 택하거나 법의 수호자가 되어 보세요. 경찰의 역할은 교도소의 질서를 지키고 죄수들을 묶어 두는 것입니다. 아니면 주황색 죄수복을 입고 죄수가 될 수도 있어요. 도시로 탈출해서 자유의 삶을 살려는 계획을 품은 채로요.

교도관의 역할은 죄수들의 스케줄에 따라 그들을 감시하는 것입니다. 만약 죄수가 규칙에 어긋난 행동을 한다면, 수갑을 채우거나 스턴건을 쏴서 죄수를 잠깐 동안 쓰러트릴 수 있습니다.

만약 죄수 역할을 택했다면, 때를 기다려 탈출할 기회를 찾으세요. 처음엔 아무런 무기도 없는 채로 게임을 시작하게 됩니다. 즉, 총이 없단 얘기죠… 하지만 꾀가 없단 뜻은 아닙니다. 꾀를 써서 탈출하세요.

헬리콥터는 경찰들에게 최고의 동료입니다 – 도망자들을 몇 초 안에 따라잡을 수 있고 옥상으로 갈 수도 있죠. 헬리콥터에서 떨어지더라도 걱정하지 마세요 – 당신에게는 자동으로 펴지는 낙하산이 있으니까요!

탈출한 사람들이 둘러볼 수 있는 넓디넓은 맵이 있습니다. 차를 훔쳐 타고 여기저기 돌아다니고, 은행을 털고, 은신처를 빌리세요. 하지만 순찰하고 있는 경찰을 조심하세요. 당신을 다시 감방으로 보내고 싶어 할 테니까요.

게임 정보

스튜디오	Badimo
하위 장르	도시 계획, 슈팅, RPG
방문자수	
즐겨찾기	

당신을 위한 꿀팁

열쇠
죄수는 교도소의 잠긴 문을 열기 위해 키카드를 찾아야 합니다. 한눈팔고 있는 경찰의 뒤에서 액션 버튼을 눌러 키카드를 훔치세요.

현상금 사냥꾼
경찰 월급이 별로 만족스럽지 않다면, 탈출한 죄수들을 잡아 들여 돈을 더 벌 수 있습니다. 악명 높은 죄수일수록, 보상도 더 두둑하죠.

미행
완벽하게 은행을 털었지만, 경찰들이 당신의 뒤를 쫓고 있다고요? 그렇다면 차를 타고 차고로 들어가 다른 색깔로 페인트를 칠해서 당신의 흔적을 지우세요. 아마도 잠깐은 효과가 있을 겁니다. 아마도…

비상 탈출 좌석
차 안에서 범죄자를 쫓기만 하는 건 지루하죠. 하지만 경찰은 범인을 차에서 끌어내릴 수도 있습니다. 수갑을 장착한 채로 액션 버튼을 눌러서, 운전자와 동반자를 강제로 차에서 나가게 해 보세요.

BADIMO

Jailbreak를 공동 제작한 asimo3089와 badcc는 두 이름을 합친 Badimo로 알려져 있습니다. 둘 다 Roblox가 시작한 지 얼마 되지 않았을 때 가입했고 수많은 개발자와 함께 성장해 왔죠. 그 덕분에 커뮤니티에 대해 많은 것을 알게 되었습니다. 새로운 개발자들을 위한 그들의 경험과 조언에 대해 들어 보죠.

게임을 하는 것보다 만드는 것에 대하여
"저는 어렸을 땐 게임을 그리 즐기지 않았어요." badcc는 이렇게 말합니다. "가끔 친구들이 게임을 하는 걸 보곤 했죠. 하지만 제 머릿속엔 저걸 어떻게 만들까, 어떻게 하면 더 나아질까 하는 생각뿐이었습니다. 왜냐하면 저는 게임을 하는 것보다 만드는 것을 더 즐기거든요!"

추억에 대하여
"저는 가끔 2009~2010년의 게임을 그리워하곤 해요." asimo3089가 말합니다. "예전의 Roblox 게임들이 지금은 그리 재미있진 않을 수도 있지만, 특별한 것이 안에 깃들어 있죠. 그 게임들은 Roblox 내에서 할 수 있는 한 모든 걸 사용했고, 그렇기 때문에 충분히 즐길 수 있는 게임이었다고 생각합니다." badcc에게는 게임보다 그 게임의 제작자가 더 중요합니다. "한때 게임을 제작한 사람들과 만나서 어떻게 그런 게임을 만들었

는지 이야기하는 걸 너무 좋아했어요."

너무 크게 생각하는 것에 대하여
이 듀오는 게임을 만들고자 하는 개발자에게 조절의 중요성에 대해 경고합니다. "게임을 만드는 과정 중 가장 어렵다고 생각하는 일은 사실 가장 쉽습니다. 너무 크게 생각하는 것이죠. Roblox를 한계에 몰아붙이면서 당신 자신마저 무리하게 몰아붙이면 너무 쉽게 지쳐버릴 수 있다고 생각합니다." asimo3089는 이렇게 말합니다. "그래서 저는 저 자신과 badcc에게 단순함을 유지하자고 말하죠!" badcc도 동의합니다. "너무 무리하면 절대로 완성할 수 없습니다. 당신의 시간에서 무엇이 가장 중요한지 파악하세요. 시간은 금이나 다름없으니까요."

SHARK ATTACK!

모험의 흥분을 잠깐 가라앉히기에 고요한 섬에서 잠깐 쉬는 것보다 더 좋은 게 어디 있을까요?
잠깐, 배고픈 상어 떼에게 둘러싸였다고요? 걱정하지 마세요.
믿음직한 칼을 들고, 친근한 애완동물의 도움과 함께
Shark Attack!의 바닷속으로 무모하게 뛰어들어 보세요!

메인 섬에는 두 곳의 상점이 있습니다 – The Gem Shack 에서는 모은 보석들을 코인으로 바꿀 수 있습니다. 그리고 The Shop에서는 코인으로 생존에 필요한 물품들을 교환 할 수 있습니다.

물속은 정말로 위험합니다. 그래서 다들 자기만의 보트를 갖고 있죠. 바다 아래에 도사리고 있는 위험을 피하면서 순항을 하기 위해서요. 바다는 탐험하기에 넓디넓으며, 보트는 그러한 바다를 탐험하기에 가장 좋은 수단이죠.

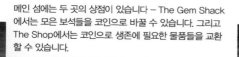

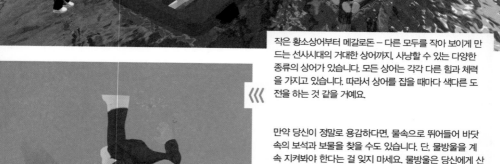

작은 황소상어부터 메갈로돈 – 다른 모두를 작아 보이게 만드는 선사시대의 거대한 상어까지, 사냥할 수 있는 다양한 종류의 상어가 있습니다. 모든 상어는 각각 다른 힘과 체력을 가지고 있습니다. 따라서 상어를 잡을 때마다 색다른 도전을 하는 것 같을 거예요.

만약 당신이 정말로 용감하다면, 물속으로 뛰어들어 바닷속의 보석과 보물을 찾을 수도 있습니다. 단, 물방울을 계속 지켜봐야 한다는 걸 잊지 마세요. 물방울은 당신에게 산소를 제공하니까요. 만약 방울이 사라진다면 당신은 익사하고 말 거예요!

게임 정보

개발자	FuzzyWooo
하위 장르	전투, 몬스터, 거래
방문자수	
즐겨찾기	

당신을 위한 꿀팁

숨겨진 보석
물속에서 나오는 찬란한 빛에 주의를 기울여서 보석을 찾으세요. 빛을 발견했다면, 바로 물속으로 다이빙을 하세요. 그러면 보석이 아래에 있을 것입니다. 상어가 당신의 냄새를 맡기 전에 빨리 보석을 가지고 돌아와야 할 겁니다.

낚시하러 가기
물고기에게 낚싯대를 던지고, 그들을 잡아 캠프파이어에 먹음직스럽게 구워 드세요. 그러면 다음에 상어에게 물리더라도, 물고기가 당신의 체력을 채워줄 것입니다.

패스트푸드
상어는 당신보다 훨씬 빠릅니다. 그러니 주변에 상어가 있을 때 물에 빠졌다면, 점프 버튼을 꾹 눌러서 안전한 곳으로 도망치세요. 상어의 이빨에 조금 꼬집힐 순 있지만, 상어가 당신을 물기는 어려울 거예요.

애완동물 친구들
많은 데미지를 줄 순 없지만, 애완동물이 있다는 것 하나만으로 생사에는 큰 차이가 있습니다. 가능한 한 빨리 애완동물을 사세요. 작은 거북이든, 당신만의 백상아리든, 상관 없습니다!

FUZZYWOOO

FuzzyWooo는 그녀의 아이들을 통해 2015년에 Roblox를 알게 되었습니다. 옷을 디자인하는 실험을 시작으로 게임 개발을 탐구하기 시작하였고, Roblox에서 게임을 만드는 일이 얼마나 직관적이었는지에 대해 놀랐습니다. 그녀에게 시간 관리가 왜 중요한지, 그리고 그녀의 게임이 지금까지 무슨 길을 걸어왔는지에 대해 물어봤습니다.

가족과 함께하는 것에 대하여
FuzzyWooo의 예술에 대한 사랑은 결국 Roblox의 게임 개발 잠재력을 이끌어 냈죠. 그녀는 Roblox의 맵을 만들기 시작했습니다. "제 아들인 GrandSnaf도 자연스럽게 저의 아이디어를 스크립팅하면서 게임 제작에 참여했어요, 그렇게 저의 게임은 현실이 되었죠. 우리는 함께 가장 인기 있는 게임인 Shark Attack!을 만들었어요."

시간 관리에 대하여
"게임 제작에 있어서 저에게 가장 힘들었던 건 시간 관리였던 것 같아요." 새로운 프로젝트를 시작할 때, 그녀는 프로젝트를 마무리하기 전까지는 그만두는 걸 좋아하지 않습니다. "프로젝트가 2주 내에 완성될 거라고 예상하는 건 그리 좋은 징조가 아니에요. 사람이니까 어느 순간에는 자야 하죠. 저의 창작에 대한 열정이 너무 앞서있을 때도 말이에요."

현재까지의 개발에 대하여
FuzzyWooo는 Shark Attack!의 자랑스러운 점을 딱 하나만 짚기보다는, 게임이 출시 후 얼마나 발전했는지에 대해 자랑스러워합니다. "게임의 초기를 돌아보면, 사람들이 이걸 정말로 즐겼단 사실에 몸서리치기도 해요!" 그녀가 웃으며 말합니다. "초기엔 변변치 않았지만, 지금까지 많은 길을 걸어왔죠. 기본적인 맵과 립스틱을 바른듯한 상어에서, 더 화려한 맵과 물 때 입을 벌리는 상어가 되기까지요!"

NATURAL DISASTER SURVIVAL

최악에 대비하고 최고를 기대하세요. Natural Disaster Survival에서 당신은
다양한 종류의 맵에서 재주와 용기를 발휘해야 할 상황에 놓입니다.
이 게임은 작전과 운이 필요하며, 원 안에서 죽어라 소리지르며
여기저기를 뛰어다니게 만드는 게임입니다.

각 라운드는 Surf Central 해변에서 부터 Rakish Refinery 공업 단지까지 다양하고 특색 있는 맵에서 일어납니다. 각각의 맵에 적응하려면 여러 라운드를 경험해 봐야 할 것입니다.

다른 플레이어는 당신에게 도움이 될 수도, 방해가 될 수도 있습니다. 당신은 처음 보는 맵이라 할지라도, 다른 플레이어는 곧바로 가장 안전한 장소로 모여들 거예요. 그들은 당신이 가장 좋은 자리로 가는 길을 막거나, 당신을 낭떠러지도 밀어버릴 수도 있죠.

매 라운드마다 발생하는 재앙은 랜덤입니다. 눈 폭풍부터 운석 충돌까지 종류도 다양하죠. 재앙에서 생존하는 방법도 높은 곳으로 피하거나 떨어지는 것들을 피하는 것 등 생존 환경에 따라 다릅니다.

라운드 도중에 탈락하면, 다음 맵으로 바뀔 때까지 허브로 돌아가 기다려야 합니다. 허브에선 섬에서 무슨 일이 일어나는지 구경할 수도 있고, 리더보드를 확인할 수도 있으며, 당신보다 한 수 위에 있는 사람을 뛰어넘을 수 있는 작전을 짤 수도 있죠.

게임 정보

개발자	Stickmasterluke
하위 장르	파티, 생존
방문자수	
즐겨찾기	

당신을 위한 꿀팁

마력
몇몇 맵들은 트랙터, 카트, 트럭 같은 탈것들을 포함하기도 합니다. 단순히 재미로 탈 수 있을 뿐만 아니라, 차량의 빠른 스피드로 몇몇 재앙을 더 쉽게 피할 수도 있습니다. 예를 들어 운석 피하기 같은 것이요.

중요한 것
라운드가 시작하면, 가능한 한 빨리 높은 곳으로 올라가세요. 높은 곳으로 올라가는 게 쓸데없다고 생각할 수도 있지만, 수많은 재앙에서 살아남기에 좋은 장소입니다. 그리고 가장 좋은 자리를 두고 경쟁할 사람이 없을 때 먼저 가는 게 더 편하잖아요.

다양한 대혼란
가끔은 다양한 재앙이 일어나는 맵으로 올 수도 있습니다. 그때는 여러 재앙을 피할 수 있는 자리를 찾으세요 – 예를 들어 산성비를 피하며 홍수도 같이 피할 수 있는 고층 건물 같은 곳이요.

재앙 전문가
몇 라운드가 지나면, 그냥 살아남기만 하는 게 지루해질 수도 있습니다. 그때는 다양한 종류의 재앙에 조금 무모한 도전을 해 보세요. 예를 들자면, 죽지 않고 화산의 정상에 얼마나 가까이 갈 수 있을까요?

STICKMASTERLUKE

Stickmasterluke는 Roblox의 초기 플랫폼에서부터 게임을 만들어 왔습니다. 그의 친구들에게 자랑하기 위해서요. 그가 파괴의 재미를 어떻게 알게 되었는지, 한눈팔게 하는 미끼가 무엇인지, 그리고 어떻게 아이디어를 게임에 적용하는지에 대해 그와 함께 이야기해 봤습니다.

한눈파는 것에 대하여
게임을 만드는 데의 가장 큰 걸림돌은 무엇인가요? "저의 경우엔, 한 가지에 집중하는 것이에요." Stickmasterluke가 말합니다. "Roblox 게임의 질은 점점 더 높아지고 있어요. 소소한 디테일도 필요할 정도로 말이죠." 그는 게임의 완성도를 높이는 동안에도 새로운 아이디어에 한눈을 팝니다!

예상치 않은 영감에 대하여
많은 개발자가 초보 제작자에게 게임 메카닉부터 시작하라고 조언합니다. 하지만 Stickmasterluke는 게임 개발에 한계가 없다고 믿고 있습니다. "게임은 다양성이 많은 매체라고 생각하기에, 게임 개발도 아무 데서나 시작할 수 있죠. 당신이 말하고 싶은 스토리부터 시작할 수도 있고, 당신이 좋아하는 장르부터 시작할 수도 있으며, 아니면 둘러보고 싶은 메카닉부터 시작할 수도 있죠. 그리고 시작한 부분부터 나뭇가지처럼 갈라지고, 채워나가고, 당신이 좋아하는 방식으로 섞을 수 있어요."

부수는 것에 대하여
그가 Natural Disaster Survival에서 가장 자랑스러워하는 건 파괴력입니다. "저는 모두가 구조물이 어떻게 부서지는지 관찰하는 재미를 즐긴다고 생각해요. 맵이 산산이 조각날 때, 그 맵을 구성했던 조각들을 관찰할 수 있죠. 그게 다른 것들과 어떻게 작용하는지, 또 그 부분들이 나누어지기 전에 어떻게 합쳐져 있었는지 말이에요."

INNOVATION LABS

땅속 깊숙한 곳엔, 과학의 발전을 위한 은밀한 연구소가 있습니다.
하지만, 붕괴가 되기까지 몇 분 안 남은 경우가 대부분이죠.
그러니 당신이 Innovation Labs에서 맡아야 할 역할은 실험체를 격리하고,
코어가 폭발하는 것을 막음으로써 세상을 구하는 것입니다.

Innovation Labs는 여러 구역으로 나누어져 있습니다.
딱 보기에도 안전해 보이는 Food Lab에서부터 음침한
Genetic Reconstruction 부서까지요. 이 연구소의 목표
가 무엇이냐고요? 그것은 당신이 풀어야 할 미스터리입니
다!

탈출한 실험체가 시설 곳곳에 풀려 버렸고, 시설은 이제 좀비, 불타
는 휴머노이드를 포함한 수많은 괴물로 가득 찼습니다. 조금이라도
사람 같지 않은 것이 보인다면, 바로 도망가세요.

당신의 목표는 시설 코어를 시설 내의 위험으로부터 지키는 겁니다.
물론 짜증 나는 플레이어의 방해로부터도요. 만약 코어가 폭발하
면, 바로 게임 오버입니다 – 나노봇이 몇 번째인지 모를 정도로 연
구소를 고칠 때까지요!

게임 정보

개발자	madattak
하위 장르	공상 과학, 미스터리, 탐험
방문자수	
즐겨찾기	

당신을 위한 꿀팁

미로
연구소 곳곳에 있는 사다리와 개구멍에 주의를 기울이세요. 비밀 장소의 입구, 또는 구역 간의 지름길, 아니면 당신을 미행하는 위험 요소로부터 숨을 수 있는 장소가 될 수 있으니까요.

미묘한 끄덕거림
거대한 연구소에는 수많은 이스터 에그가 숨어 있습니다. 다들 유명한 게임, 영화 등 여러 가지를 인용하고 있죠. 그중 하나는, 지금까지 Roblox team에서 숨어 지냈던 소문난 치킨 도둑을 암시하기도 합니다.

좀비화 치료
만약 좀비화된 괴물에 감염되었다면, 당신은 비틀거리며 시설을 어슬렁거릴 것입니다. 당신이 걸린 질병을 치료하려면, 소독실을 찾아서 치료를 위한 감마선을 맞도록 하세요.

한 줄기 빛
가끔씩 연구소가 한 치 앞도 안 보일 정도로 어두컴컴해지기도 합니다. 특히 코어가 정말 위험한 상태일 때 더더욱 그렇죠. 어둡고 혼란스러운 상황에서 도움을 줄 수 있는 손전등을 찾으세요.

MADATTAK

Innovation Labs를 통해 madattak의 개발자로서의 인기는 솟아올랐고, 그의 전작인 Innovation HQ와 Build a Plane Challenge를 넘어서 Innovation Labs는 그의 가장 인기 있는 게임이 되었습니다. 아래에선 그의 게임 개발 노하우, 더 나은 개발자가 되는 법, 그리고 아이디어를 버리는 것에 대해 이야기합니다.

게임을 완성하는 것에 대하여
장기 프로젝트를 진행하다 보면 열정이 흔들릴 때도 있습니다. madattak은 한 가지 단어로 그것을 극복했습니다: "자신감입니다. 프로젝트의 진도는 충분히 나갔지만, 곧 자기 자신을 의심하게 되거나, 아니면 성공하지 못할 거라 걱정을 하게 되는 때가 오죠. 이런 감정을 극복하는 것이 게임을 완성할 때 가장 어려운 부분 중 하나라고 생각합니다."

극한 상황에 놓였던 것에 대하여
"코어 붕괴는 제가 이전에 해 왔던 코딩보다 몇 단계 위의 작업이었어요." 그는 Innovation Labs의 인상적인 마무리에 대해 이야기합니다. Innovation Labs에서 그 단계를 경험해 본 많은 플레이어들은 붕괴 상태에서의 공포와 혼란에 대해 동의할 것

입니다. "그런 드라마틱한 경험은 당시의 Roblox에선 겪을 수 없었던 정말로 특별한 경험이었죠."

실패한 것을 놓아주는 것에 대하여
모든 아이디어가 성공적인 것은 아니죠. 그렇기 때문에 몇몇 아이디어는 버려야 할 때도 있습니다. "거대한 로켓을 발사할 수 있는 로켓 격납고와 제어실이 있었죠. 하지만 최종적으로 그 구역 자체는 편집되었습니다. 로켓을 발사하는 게 기대 이하였죠. 강력하거나 드라마틱하지가 않았거든요."

ROBLOX DEATHRUN

Roblox Deathrun에서 목숨을 건 달리기 경주에 참가하세요!
당신과 다른 경주 참가자들이 다양한 맵에서 달리는 동안,
썩어빠진 방해꾼은 당신을 파멸로 이끌기 위한 사악한 함정 시스템을 가동합니다.
하지만, 결승점에 도달한다면, 죽은 친구들의 복수를 할 수 있죠.

게임을 시작하면 당신은 로비로 떨어집니다.
로비는 그 자체로 하나의 큰 놀이터죠.
여기에서 당신은 곳곳을 돌아다니거나,
리더보드를 확인하거나, 상점 중 한 곳에서
무기와 트레일을 구매할 수 있습니다.

각각의 맵은 그 자체의 세상을 갖고 있고, 다른
종류의 함정을 품고 있습니다. 킬러는 주변의 함
정을 더 쉽게 통제하기 위해 중앙 구역에 자리를
잡고 있으며, 러너는 최종 지점을 향해 달려갑니
다. 최종 지점에 도달하게 되면 러너는 킬러의 구
역으로 텔레포트되어 킬러를 죽일 수 있습니다.

매 라운드마다 코인을 모으거나, 체크포인트에 도달하거나,
(만약 당신이 킬러라면) 플레이어를 죽이거나, 아니면 최종
지점에 도달해서 킬러를 죽이고 우승함으로써 경험치를 쌓
을 수 있습니다.

게임 정보

스튜디오	Team Deathrun
하위 장르	PvP, 장애물, 레이싱
방문자수	
즐겨찾기	

당신을 위한 꿀팁

천천히 안정적으로
선두에 서는 것은 곧 당신이 함정에 걸릴 확률이 높다는 것입니다. 잠깐 뒤로 물러서서, 다른 사람이 먼저 함정에 빠지는 걸 지켜보세요. 그리고 나서 유유히 지나가세요. 이를 반복하며 코스를 지나면 당신도 코스를 완주할 수 있을 것입니다!

클로즈업
가끔씩 다른 러너들이 당신의 길을 가로막거나 당신의 시야를 가려서 장애물 코스를 달리는 데 방해가 될 수도 있습니다. 그럴 때는 카메라 줌을 가능한 한 최대로 당겨서 시야를 가리는 것들을 피하세요.

무자비함
킬러로 플레이할 땐, 러너들이 장애물에 접근하는 것을 유심히 지켜보세요. 대부분의 함정이 작동할 기회는 한 번뿐이므로, 버튼을 누를 타이밍을 잘 맞춰서 최대의 효과를 노리세요.

킬러 감시
킬러로 게임을 몇 판 플레이하고 나면, 함정이 어디서 발동되고 무엇을 하는지에 대한 감이 잡힐 것입니다. 그러니 다시 러너로 플레이할 때는, 킬러가 근처의 함정을 발동할지 잘 살펴보세요.

WSLY

Team Deathrun의 리더로서, Wsly는 2010년부터 히트친 장애물 게임을 잘 이끌어 왔고, 그 과정에서 많은 상도 탔습니다. 무엇이 그에게 창작의 영감을 심어 줬을까요? 그가 Deathrun의 성공에 기여할 수 있도록 해 준 사람은 누구일까요? 그가 가지고 있는 Deathrun에 대한 비밀은 무엇일까요? 아래에서 알 수 있습니다.

개발을 시작하는 것에 대하여
Wsly가 슈퍼스타 개발자의 길을 걸을 수 있도록 한 건 무엇이었을까요? "당연히 Roblox죠." 하지만, 그는 이 플랫폼을 찾기도 훨씬 전에 이미 영감을 얻었습니다. "저는 이전에 심시티와 롤러코스터 타이쿤 같은 게임을 해 왔고, LEGO와 K'NEX toys로 움직이는 큰 기계를 만들었죠."

팀의 노력에 대하여
Deathrun의 맵은 Roblox에서 가장 혁신적이고 특별한 맵 중 하나이기도 합니다. 그리고 Wsly는 그 특별한 힘이 각기 다른 개발자의 몫이라고 하죠. "이 게임을 구성하는 수많은 맵, 애니메이션, 콘텐츠, 그리고 스크립트는 10명 이상의 개발자가 참여해 만들었습니다. 그렇기 때문에 이 게임이 우리 모두가 공유한 대규모 협동 프로젝트이기도 한 거죠."

숨겨진 도움에 대하여
Deathrun의 모든 것이 위험한 함정처럼 명백하진 않습니다. 사실, 코스 안에도 도움이 될 만한 물건들이 있죠. Wsly는 다음과 같이 말합니다. "레벨 곳곳에 상호작용을 하는 물건들이 흩어져 있습니다. 물건 쪽으로 이동하면 주울 수 있죠. 이 물건들은 당신이 함정에 걸렸을 때 정말 유용할 거예요." 그래요, 정말로 도움이 되죠.

MOON TYCOON

달 기지를 짓고, 경제를 활성화하고, 행성에 당신의 깃발을 세워 점령하세요.
이 은하 타이쿤 게임에선 다른 플레이어들이 당신의 통치 구역을 위협할 수도 있습니다.
그러니 기지를 개발하고 그들에 맞서 싸우기 위해 강력한 총을 구매하는 데에
자원의 균형을 맞추세요.

컨베이어를 건설하면서 게임은 시작됩니다.
초록색 버튼을 눌러 광물 채광을 하세요. 당
신의 첫 번째 자동 월석 드랍을 살 정도의 돈
을 모을 때까지 클릭하세요.

돈이 계속해서 들어올 수 있도록 계속 월석
드랍과 빔 드랍에 투자하세요. 그리고 돈을
충분히 모았다면, 우주선을 만들어서 당신의
기지 위에 있는 행성들 사이로 비행하세요.

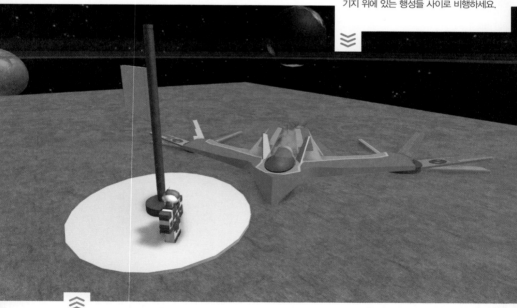

각 행성에는 깃발이 있습니다. 당신은 깃발을
점령할 수 있죠. 아주 간단하게도, 깃발 바로
옆에 서 있으면 행성은 당신 것이 됩니다. 당신
의 적이 뺏지 않게 조심하세요!

게임 정보

개발자	Lethal682
하위 장르	공상 과학, 타이쿤, 전투
방문자수	
즐겨찾기	

당신을 위한 꿀팁

자기방어
다른 플레이어들을 조심하세요! 가능한 한 빨리 기지에 벽을 세워 일할 때의 안전을 확보하세요. 그리고 살 수 있는 총 중에서 최고의 총을 사서 침입자들을 막거나 공격하세요.

은행 절도
항상기는 광물 수입에 큰 이익을 가져올 것입니다. 그러니 가능한 한 빨리 구매하도록 하세요. 이것이 곧 안정적인 수입으로 들어와 기지 건설에 큰 도움이 될 테니까요.

디펜더
당신의 우주선엔 총과 미사일이 장착되어 있긴 하지만, 다른 플레이어의 총격에 매우 취약합니다. 누군가 이미 점령한 행성에 착륙할 때 피해를 당하지 않도록 조심하세요.

안전하게 스폰하기
만약 벽을 짓기도 전에 기지에서 계속 죽임을 당한다면, 당신이 리스폰할 때 무적이 된다는 사실을 기억하세요. 움직이지 말고 가만히 서서 기다리세요. 그러면 그들은 다른 곳으로 떠날 것입니다.

LETHAL682

Moon Tycoon은 Lethal682가 만든 게임 중 처음으로 메인 페이지에 올라간 게임입니다. Roblox를 알기 전엔 그는 수백만 명이 플레이하는 게임을 만들게 될 줄 몰랐을 것입니다! 아래에선 그가 개발을 어떻게 시작하게 되었는지, 또 Moon Tycoon의 소재의 놀라운 근원이 어디에서 왔는지에 대해 토론합니다.

새로운 게임을 계획하는 것에 대해서
"당신이 만들고 싶은 장르와 겨냥하고자 하는 플레이 층을 알아 두세요." Lethal682는 조언합니다. "게임의 메카닉과 그게 어떻게 작용할지 생각하세요. 저는 주제를 나누고 거기에 아이디어를 적어 넣는 걸 좋아해요. 예를 들어 메카닉, 특성, 챌린지, 그리고 게임을 지속적으로 할 만한 가치 같은 것들로 주제를 나누죠."

작게 생각하는 것에 대하여
Lethal682는 아이디어가 생겼다면, 작은 것부터 시작하는 게 좋다고 이야기합니다. "처음부터 게임 전체를 한 번에 만들려고 하지 마세요. 작은 문제부터 고쳐 가며 게임이 어떻게 작동하는지 관찰하고, 게임의 기반을 다지는 데 집중하세요." 코어 시스템을 잘 다졌다면, 뼈대에 살을 붙이는 동안은 계속해서 집중할 수 있을 겁니다. "계속 작업하다 보면 자신도 모르게 게임이 슬슬 완성되어 가고 있다는 걸 느끼게 될 겁니다. 일단 시작하면, 모든 것이 물처럼 흐르고 곧 게임 개발을 즐기게 되죠. 당신의 아이디어가 현실이 되어 가는 것을 보면 정말로 기분이 좋아집니다. 그리고 좋은 동기부여가 되기도 하죠. 그러니 일단 시작해 보세요!"

음향 효과를 만드는 것에 대하여
게임을 만들다 보면 때때로 창의력이 필요할 때가 있습니다. Lethal682가 했던 것처럼요. "Moon Tycoon에서 무기에 쓰기 좋은 음향 효과를 찾을 수가 없었어요. 그래서 타자기 소리로 흉내를 내었죠!"

IMPERIUM

Imperium의 중세 왕국으로 시간 여행을 떠나, 자원과 금을 모으며
당신만의 전설을 만들어 나가세요. 동료와 함께요.
상인으로서 마을을 돌아다니며 거래를 하거나, 전사로서 무시무시한 위협을 막아 내거나,
아니면 왕족의 리더로서 많은 사람을 다스리세요.

《《《 당신은 Cambria라는 마을 한가
운데에 당신에게 도움이 될 몇 개
의 도구와 함께 떨어졌습니다.
당신이 처음으로 해야 할 일은 자
원을 모으는 것입니다. 도끼로 나
무를 베고, 낫으로 농작물을 수확
하고, 곡괭이로 채굴을 해서 나무,
음식, 돌을 얻을 수 있습니다.

왕국의 주민들은 당신이 여
행을 떠나는 데에 도움을 줄
것입니다. 전당포 주인은 당
신이 가진 자원을 금으로 교
환해 줄 것이고, 대장장이는
더 좋은 도구와 강력한 무기
를 만들어줄 수 있습니다. 그
리고 마구간 주인은 당신의
말을 맡아줄 것입니다.

만약 충분한 자원과 금을 모았다면, 세 개의 메인
마을 중 어느 곳에서든 땅을 사서 당신만의 집을 지을
수 있습니다. 이제 막 시작했다면 간단한 집밖에 지을
수 없지만, 더 많은 자원이 있다면 으리으리한 성으로
업그레이드할 수 있습니다.

게임 정보

스튜디오	Imperator
하위 장르	중세 시대, 전투, 제작
방문자수	
즐겨찾기	

당신을 위한 꿀팁

잃어버린 시간 속으로
왕국은 거대한 곳입니다. 따라서 당신이 숲에서 벌목하거나, 광산으로 내려갈 때 길을 잃어버리기 쉽죠. 마을로 돌아가기 위한 중간 지점을 확인하기 위해서 월드 맵을 참조해 보세요.

무역 여행
만약 당신이 힘들게 얻은 자원을 지금 급히 쓸 필요가 없다면, 얼마나 많은 자원을 세 곳의 마을에서 팔 수 있는지 확인해 보세요. 몇몇 창고 주인들은 특정한 자원에 대해 다른 자원보다 더 많은 골드를 지불할 겁니다.

현상금 사냥꾼
더 강한 적들에게 사냥당하고 있는데, 부를 수 있는 동맹이 없다고요? 당신은 마을의 게시판에 최소 1,000골드로 현상금을 걸고 동맹을 구할 수 있습니다. 만약 당신이 다른 사람에게 도움이 되고 싶다면, 당신은 같은 가격의 보수로 적들을 잡을 수 있습니다!

무기 전문가
대장장이는 당신의 플레이 스타일에 맞는 수많은 다양한 무기를 갖고 있습니다. 단검을 든 적에게 말을 타고 미늘창으로 돌격하며 근접전을 펼칠 건가요? 아니면 원거리 활로 먼 거리에서 사람들을 잡을 건가요?

ROYTT
Roytt은 2009년부터 Roblox를 플레이하고, Studio를 사용하기 시작했습니다. 실질적으로 게임을 개발하기 시작한 지는 얼마 안 되었습니다. 하지만 그렇다고 그가 뒤처졌다는 뜻은 아닙니다! 왜 게임을 더 일찍 만들기 시작하길 원했는지, 어디서 최고의 영감을 얻었는지 그에게 물어봤습니다.

플레이하는 것 보다 만드는 것에 대하여
"저는 상상력이 풍부한 편이었어요. 게임을 하는 것 보다는 만드는 걸 즐겼죠." 그는 Roblox를 처음 시작했을 때부터 그림을 그리거나 건축하는 데 많은 시간을 썼습니다. "편하게 배울 수 있다는 점과 활발한 커뮤니티 때문에 Roblox에서 개발을 시작하게 되었어요."

후회에 대하여
"게임 개발을 좀 일찍 시작했으면 했어요." Roytt는 스크립팅을 배우기 시작한 지 몇 년 안 됐으며, 여전히 배울 게 많다고 말합니다. "저는 지금 정말로 즐기고 있긴 하지만, 조금만 더 일찍 시작했다면 얼마나 더 좋았을까 싶은 생각을 종종 하곤 해요!"

영감에 대하여
Roytt는 Roblox 밖에서 최고의 아이디어를 찾습니다. 심지어 다른 게임들에서도 찾죠. "대부분의 시간을 음악을 듣거나 책 읽는 데 쓰고 있어요. 그리고 멜로디나 인상적인 문장에서 많은 영감을 받습니다."라고 그는 말합니다. 그로부터 오는 아이디어는 프로젝트의 기초가 되며, 개발을 하는 동안 다른 다양한 영감으로 개선될 것입니다.

MOUNT OF THE GODS

Mount of the Gods에 있는 당신의 작은 섬을 다스리는 전지전능하신 신과
당신이 필요로 하는 것의 균형을 잡으세요. 당신의 외진 파라다이스로 친구들을 불러모아
함께 작물을 수확하고, 소 떼를 기르고, 건물을 지어 번창한 마을을 만드세요.
– 오직 전지전능한 신을 노하게 하지만 않으면 됩니다…

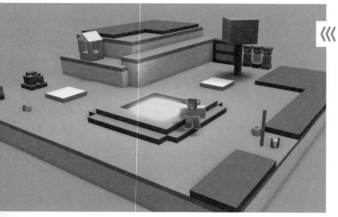

당신은 무인도에서 사용할 수 있는 약간의
자원과 함께, 뜨겁게 끓고 있는 용암 구덩이
에서 게임을 시작할 것입니다. 구덩이는 당
신이 신에게 제물을 바치는 곳입니다 – 신
은 농작물과 자원들도 받죠!

계절이 지나고 신이 행복하다면, 섬은 점점
커질 것입니다. 그리고 소, 옥수수 씨앗,
광맥, 사과나무 같은 더 많은 자원을 얻게
될 겁니다.

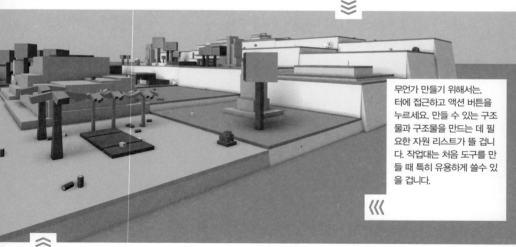

무언가 만들기 위해서는,
터에 접근하고 액션 버튼을
누르세요. 만들 수 있는 구조
물과 구조물을 만드는 데 필
요한 자원 리스트가 뜰 겁니
다. 작업대는 처음 도구를 만
들 때 특히 유용하게 쓸 수 있
을 겁니다.

당신의 섬이 점점 커지면서, 계절이 끝나기 전에 필요한
흩어진 자원들을 모으는 것은 더 힘들어질 겁니다.
일을 도와줄 친구를 구하고 농부, 소몰이꾼, 기술자 등
각자의 역할을 정하세요.

게임 정보

개발자	Wheatlies
하위 장르	전투, 제작, 타이쿤
방문자수	
즐겨찾기	

당신을 위한 꿀팁

가면 뒤에
게임에 들어오면, 당신은 플레이어에게 보너스 효과를 주는 가면을 고를 수 있습니다. 하지만 많은 가면 중 상당수는 잠금 해제해야 하죠. 가면들의 설명을 확인하고 어떻게 해제해야 하는지 알아보세요.

겨울이 온다
모든 계절에 자원을 얻을 수 있지만, 특히 겨울은 작물들에게 가장 메마른 계절입니다. 그러니 한 곳에 자원을 비축하여 가장 빈곤한 시기에 대비하세요. 그래야 신들에게 바칠 제물도 충분할 테니까요.

우물 파기
당신의 초기 섬은 갈증을 쉽게 해결할 수 있도록 우물이 자리를 잡고 있지만, 섬이 커질수록 우물 위치를 찾기가 어려워질 겁니다. 당신과 동료 표류자가 언제나 물을 마실 수 있도록 섬에 여분의 우물을 만들어야 한다는 것을 기억하세요.

기습공격
섬이 커지면 위험한 생명체들이 숨어들 장소도 많아집니다. 전갈이나, 거미 아니면 사자 떼가 습격할 수도 있으니. 작업대에서 검을 만들고 보관해서 이에 대비하세요!

WHEATLIES

Wheatlies는 Roblox에서만 게임을 만들어 본 게 아닙니다. 다른 게임 개발 플랫폼에서도 개발에 조금 손을 댔었죠. 하지만 Roblox만이 그가 계속 돌아오는 유일한 플랫폼이었습니다. 그가 어떻게 게임을 디자인했고, 왜 14살 때의 자신이 옳았는지에 대해 아래에서 이야기합니다.

게임 계획에 대하여
Wheatlies는 그가 코딩을 할 수 있기 전부터 게임을 만들어 왔습니다. "저는 앉아서 많은 규칙을 썼고, 제 사촌이 그것들을 테스트했죠. 뭐랄까, 마치 원시적인 보드게임 같았어요."라고 그는 말합니다. Roblox를 발견한 후 그는 깨달았죠. "코드를 사용해서 제가 원하는 거의 모든 것을 만들 수 있다는 것을요!"

Roblox가 왜 특별한지에 대하여
"개발자로서 Roblox는 제 마음 특별한 곳에 자리하고 있습니다." Wheatlies는 말합니다. "결국, 그것은 다른 수준에서 이해하는 생태계가 되었죠." 그는 Roblox가 제공하는 효과적인 툴의 진가를 잘 알아봅니다. 다른 엔진들은 개발자가 다 혼자 만들어 나가야 할 거라고 예상되지만요. "제 생각엔 이곳이 당신의 작품을 펼치는 데 가장 좋은 곳 같아요. 몇 분 만에 수백 명의 사람이 당신의 게임을 플레이하게 될 테니까요. 정말로 특별한 경험이죠."

14살의 자신을 돌아보며
Mount of the Gods는 Wheatlies가 14살 때 만든 게임에 기반을 두고 있습니다. "처음엔 매우 불안정했으나. 저는 이 아이디어가 너무 좋고 계속해서 되돌아보았죠. 그러다가 19살 때, 이 아이디어가 다시 떠올라서 직접 만들어 봤어요. 가끔 뭔가가 계속해서 제 머릿속에 남아있을 때도 있잖아요."

NEVERLAND LAGOON

Neverland Lagoon의 항구를 방문해 보세요.
요정과 인어와 해적들이 평화롭게 공존하는 곳입니다.… 대부분의 시간에는요.
이 마법의 세계에서 당신과 친구들은 새로운 캐릭터를 만들고, 당신만의 모험을 만들 수 있습니다.
수영하고, 날고, Buck-Eye the Pirate의 전설의 보물을 찾는 모험 말이죠.

당신은 성으로 스폰합니다. 성에서는 인어 꼬리, 요정 날개, 수많은 옷 같은 morphs(모르프; 플레이어를 다양한 형태로 변형시켜주는 모델. 주로 버튼을 밟으면 해당 버튼에 달려있는 아바타와 동일한 모습으로 변하는 형태)로 당신의 캐릭터를 꾸밀 수 있습니다. 또한, 벽에 달린 차트를 이용해 각 부분의 색상도 바꿀 수 있죠.

Neverland Lagoon의 땅은 모험할 장소와 롤플레잉을 할 장소가 뚜렷하게 구별되어 있습니다. 당신은 해적 해안(Pirate Coast, 게임 내에 표시 없음)에 있는 분주한 갤런(배의 일종)에 탑승하거나, 예스러운 FeyDorf 마을에 방문하거나, 여관에서 한 잔 마실 수 있죠!

이곳에는 탐험할 수십 개의 숨겨진 지역과 찾아내야 할 많은 비밀들이 있습니다. 물 밑 수중 동굴로 내려가 당신이 찾을 수 있는 것을 찾아보세요. 아니면 Buck-Eye the Pirate과 대화하고 보물로 가득한 임무를 시작하세요.

게임 정보

개발자	SelDraken & Teiyia
하위 장르	RPG, 판타지
방문자수	
즐겨찾기	

당신을 위한 꿀팁

수다쟁이
당신이 만날 수 있는 모든 사람과 대화해 보세요. 다들 재미있는 이야깃거리를 늘 가지고 있으니까요. 그들 중 몇몇은 당신에게 모험에 대한 영감을 심어줄 수 있으며, 다른 몇몇은 Neverland Lagoon의 비밀에 대한 힌트를 알려줄 수도 있죠.

상호작용
아름다운 경치는 그저 그럴듯해 보이기 위해 있는 것이 아닙니다 – 당신은 당신이 보고 있는 거의 모든 것과 상호작용할 수 있어요. 호수 근처에 있는 그네를 타거나, 해적의 해안에 있는 대포를 발사해 보세요.

게으른 아기
morph 중 하나는 당신을 아기 캐릭터로 변신시킵니다. 당신보다 더 큰 플레이어들이 당신을 안고, 당신을 여기저기 데리고 다닐 수 있죠. 드넓은 세상을 모험하기엔 정말 완벽한 환경일 겁니다. 원래대로 돌아가는 버튼을 건드리지만 않는다면요…

피하기
세상의 변두리로 너무 멀리 벗어나지 마세요. 무시무시한 곰들이 이 구역을 감시하고 있어 당신을 보는 즉시 공격할 수도 있거든요. 당신의 칼과 총도 곰에게는 먹히지 않을 거예요. 그러니 제일 좋은 방법은 가능한 한 빨리 도망가는 거죠!

SELDRAKEN

대부분의 Roblox 개발자는 게임 제작을 처음 해보는 걸 거예요. 하지만 SelDraken은 10년 동안 게임을 만들어 왔죠! 아래에서, Roblox와 초기의 게임을 비교하고, 그가 열심히 만들어 낸 작품이 자랑스러운 이유에 대해 이야기합니다.

1985년 스타일의 게임 제작에 대하여
SelDraken은 1985년, 12살 때 첫 컴퓨터로 Apple IIc를 받았습니다. "텅 빈 화면의 왼쪽 구석에 커서를 깜빡이며 제 명령만을 기다리던 컴퓨터는, 저에게 정말로 새로운 세계였죠."라고 그는 말합니다. 그의 아버지는 컴퓨터로 한 줄 한 줄 복사할 수 있는 코드가 적힌 잡지를 사주기도 했어요.

영원한 짜릿함에 대하여
"지금도, 회색의 Baseplate(스튜디오에서 제공하는 규격 가로×세로×높이 512×512×20의 회색 블록이자 맵의 기초판)가 떠 있는 Roblox의 비어있는 프로젝트를 열 때면, 제 상상력을 발휘해서 제가 원하는 세상을 만들 수 있다는 짜릿함을 느끼죠. 마치 제가 예전에 애플 컴퓨터를 봤을 때처럼."

창의적인 해결책에 대하여
캐릭터를 갓난아이의 크기로 줄이는 방법을 생각해 내는 데에만 2주의 시간이 걸렸습니다. R15가 아바타가 움직이는 방식에 혁신을 불어넣기 전이죠! "제가 뉴비였던 그 당시엔, 정말로 큰 성공이었어요! 돌아보면, Neverland를 작업했던 것처럼 코드를 줄줄이 쓰지 않아도, 더 쉬운 방법이 있었을 텐데 말이에요. 하지만 이것은 지금도 제가 게임 속에서 가장 자랑스러워하는 메커니즘 중 하나입니다."

TRADELANDS

삼각 모양의 모자를 쓰고, 머스킷총을 들고, Tradelands의 바람을 따라 항해하세요.
자원을 모아서 항해하기에 적합한 배를 만들고, East Robloxia Company를 위해서
섬들 간에 거래(ferry goods)를 하여, 주머니에 가능한 한 많은 금화를 챙겨 넣으세요.
모든 다른 좋은 모험들처럼, 이 게임도 동료 선원들과 함께라면 최고입니다.

배가 좌초되면서 당신의 모험은 시작되었고, 당신은 바다 위의 제국을 만들 단 몇 개의 도구만을 가지고 있습니다. 곡괭이로 철을 캐고, 도끼로 나무를 쓰러트리세요. 곧 자원들이 쌓일 겁니다.

Dockmaster와 대화하여 배를 스폰하고, 지도를 이용해서 새로운 섬으로 항해할 수 있습니다. 하지만 다른 세력의 배를 조심하세요. 그들은 당신의 배를 침몰시키거나 화물들을 약탈할 수 있습니다!

자원을 마을 창고에 저장하고 조선소에 방문하세요. 만약 당신이 충분한 철과 오크 나무를 가지고 있다면, 당신의 첫 배를 만들 수 있습니다. 더 많은 금화와 자원을 얻을수록, 더 좋은 배를 만들 수 있게 될 겁니다.

East Robloxia Company(동인도 회사 패러디)를 위해 항구 간에 물건을 팔며 금화를 얻으세요. 만약 당신이 선장이 아닌 승무원이더라도, 당신은 금화 중 일부를 받을 수 있을 겁니다.

게임 정보

개발자	Nahr_Nahrstein
하위 장르	바다, 탐험, 거래
방문자수	
즐겨찾기	

당신을 위한 꿀팁

배 밖으로

항해를 할 때, 가능한 한 배에서 떨어지지 않도록 주의하세요. 만약 배에 다른 승무원이 없다면, 배는 당신을 물에 내버려둔 채 계속 나아갈 겁니다. 당신의 배는 라이벌 배의 타깃이 될 수도 있겠죠.

철갑

레벨이 올라가면 더 좋은 배를 잠금 해제할 수 있습니다. 이 배들은 더 나은 속도와 내구성을 가지며, 더 많은 화물칸과 대포를 갖고 있습니다. 심지어 몇몇 배들은 거의 뚫리지 않는 철갑으로 둘러져 있습니다.

무한한 보급품

광석을 캐고 나무를 베면서 도구의 내구성은 점점 떨어지고, 결국에는 부서지고 말 것입니다. 마을의 상인은 당신이 계속 귀중한 자원을 캘 수 있도록 무료로 도구를 줄 겁니다.

가지각색의 승무원들

당신을 뒷받침해 줄 승무원과 함께라면 해적의 삶은 최고로 즐거울 겁니다. 대포를 맡거나, 새로운 섬으로 갈 길을 찾거나, 약탈한 귀중한 무거운 짐을 들게 할 친구를 고용하세요. 물론, 그들의 노력에 따라 대가도 지불해야 할 것입니다..

NAHR_NAHRSTEIN

처음엔 비행 시뮬레이션을 만들고자 게임 개발을 시작했지만, Nahr_Nahrstein의 게임은 명작 항해 게임에 영감을 받아 하늘 대신 바다로 향하게 되었죠. 아래에서 플레이어들이 어떻게 Tradelands를 만들고, 그가 다음으로 무엇을 만들고 싶은지 들어 봅시다.

새로운 장르의 탐구에 대하여

"저는 언제나 Urbis나 Welcome to Bloxburg 같은 도시 롤플레잉 게임을 만들고 싶었어요."라고 그는 말합니다. "저는 어떻게 게임 플레이를 확장하고 게임을 더욱 흥미롭게 만들지에 대한 아이디어가 많습니다." 꽤 멋지게 들리지만, 사실 그는 다른 프로젝트에 매진하느라 너무 바빠 이러한 아이디어를 실행할 시간이 없죠.

게임에 영향을 주는 플레이어에 대하여

Nahr_Nahrstein이 계속해서 Tradelands를 개발하는 가장 큰 이유 중 하나는 커뮤니티의 플레이 방식 때문입니다. "플레이어는 4개의 국가 중 플레이하고 싶은 국가 하나를 선택해야 합니다. 그리고 많은 플레이어는 오랜 기간 동안 동일한 국가만을

고수하며 선택해 왔죠. 결국 이는 같은 파벌의 해군과 정치와도 연관돼 있습니다. 국가 간 라이벌 관계가 Tradelands의 스토리와 개발을 이끌어내는 겁니다."

희귀한 자원을 찾는 것에 대하여

그는 다음과 같이 설명합니다. "Electrosteel은 스폰하지 않는 섬에 폭풍이 왔을 때 Angelic Sapphire 곡괭이로만 채광이 가능합니다. Angelwood는 스폰하지 않는 섬에서 황금 도끼로만 채취가 가능하며, 사파이어도 같은 섬들에서 황금 곡괭이로 채취가 가능합니다."

PRISON LIFE

당신은 감옥에 갇혔습니다 – 형량이 얼마나 긴가요?
간수와 죄수 중 팀을 고르고, 감옥의 난동을 통제하거나 혼란을 야기하세요.
어느 쪽이 우세한지는 당신에게 달려 있습니다.
당신의 팀을 조직하고, 기회를 잡으세요. 그리고 살아서 감옥에서 탈출하세요.

죄수로서, 당신의 목표는 감옥을 나가는 길을 찾는 겁니다. 감옥을 탈출하는 유일한 방법은 간수의 키카드에 손을 대는 것이지요. 때를 기다리고, 감옥의 일정을 따르세요. 그리고 당신에게 탈출할 기회를 줄 물건을 찾아 보세요.

간수는 전기 충격기, 수갑, 그리고 샷건과 같은 물건들을 인벤토리에서 고를 수 있습니다. 또한, 모든 구역을 드나들 수 있는 키카드와 감시실(CCTV방)도 가지고 있죠.

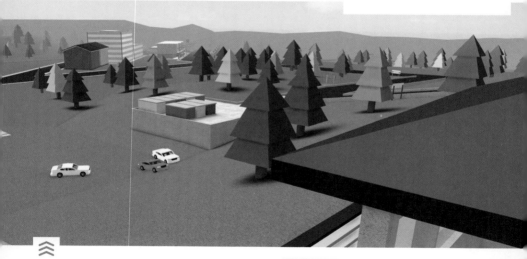

법의 손길을 피해 온 범죄자와 탈옥수들이 감옥 너머의 무법 지대를 지배하고 있습니다. 그들은 죄수들과 간수들에게 혼란을 불러일으킬 수 있습니다. 그들은 소동을 벌이고 감옥에 잠입하기 쉽거든요.

게임 정보

개발자	Aesthetical
하위 장르	도시 계획, 슈팅, 생존
방문자수	
즐겨찾기	

당신을 위한 꿀팁

빅 브라더(감시자)
감시실에서는 감옥의 각기 다른 구역을 감시하는 카메라 화면을 볼 수 있습니다. 이 화면을 보고 채팅창을 이용해 팀원에게 좌표를 알려 주면, 당신의 팀원들은 카메라의 중심 위치로부터 효과적으로 벗어날 수 있습니다.

실패의 지름길
만약 당신이 간수로 플레이하고 있다면, 보안 문을 통과하기 전에 누가 당신을 지켜보고 있지는 않은지 꼭 확인하세요. 그렇지 않으면 실수로 죄수를 놓쳐버리거나, 아니면 더 심각한 문제 – 위험한 무기고로 가는 지름길을 죄수가 알게 될 수도 있습니다.

무한한 탄약
Prison Life에 있는 모든 무기는 총알을 무한으로 쓸 수 있습니다. 그러니 만약 당신이 총을 쏠 수 없다면, 단순히 장전이 필요하다는 뜻이지요. 장전을 자주 하는 습관을 가지도록 하세요. 특히 총격전이나 범죄자의 지역에 있을 때는 더더욱 신경쓰세요!

자유의 군림
만약 당신이 감옥을 탈출한다면, 당신은 이제부터 범죄자입니다. 자동차와 탄약들을 재보급받을 수 있는 차고를 찾아가세요. 그리고 안에 있는 빨간색 플랫폼에 선다면 다음에 죽었을 때 감옥이 아닌 차고에서 리스폰할 겁니다!

AESTHETICAL

Aesthetical은 Roblox에서 스크립팅을 배우는 데 몇 달이 걸렸지만, 그의 게임은 당신이 스크립팅을 연습함으로써 어디까지 개발할 수 있는지 보여주는 훌륭한 예시입니다! 아래에서는 어떻게 그의 상상력이 그를 Roblox로 이끌었는지 이야기하며, 때로로 당신이 목표한 것보다는 덜하지만 충분히 좋은 걸 어떻게 받아들여만 하는지 설명합니다.

"적당한 것"에 대하여
Aesthetical이 설명하듯이, 당신이 원하는 것을 언제나 정확하게 만들 수는 없습니다. "저는 빌딩과 스크립팅에 많은 시간을 쓰죠. 하지만 종종 만족스럽지 않다고 느끼기도 합니다. 그래서 저는 전부 다 지우고 다시 시작하죠. 디자인하고 코드를 반복하는 건 좋을 수도 있지만, 가끔은 그 일에 시달리기도 합니다. 이상적인 것과 '적당한 것'을 타협하고 결정하는 건 어려울 수 있습니다."

공상에 대하여
"제가 어렸을 적에, 저는 언제나 갖가지 상황과 시나리오에 대한 공상에 잠겼었죠. 비행기 추락 사고의 생존자가 되거나, 비밀요원으로 빌딩에서 라펠을 하는 것과 같은 공상이요. 학교

노트 빈칸을 제가 상상해 온 모험에 대한 낙서로 가득 채우기도 했죠!" 그는 Roblox를 발견하고 나서야 그러한 상상들을 게임으로 만들 수 있었습니다.

Roblox의 특별함에 대하여
"Roblox는 다른 게임 엔진보다 배우는 데 있어서 진입 장벽이 낮습니다."라고 그는 말합니다. "Roblox는 멀티플레이어와 같이, 게임 개발에서 가장 어려운 부분을 쉽게 처리해 주기도 하죠. 그런 부분 덕분에 가장 중요한 것, 바로 당신이 좋아하는 게임을 만드는 데 집중할 수 있습니다."

TEMPLE OF MEMORIES

구름으로 둘러싸인 산과 벚꽃나무, 그리고 고대 아시아 건물이 있는 고요한 땅,
Temple of Memories를 탐험해 보세요.
구석구석에 숨겨진 비밀을 찾는 것 말고는 다른 목표는 없습니다.
그러니 여유를 가지고, 풍경을 즐기며, 명상의 고수가 되세요.

이 세계는 종교적인 게임, Far East에서 영감을 받았습니다. 당신은 놀라운 사원, 위풍당당한 잉어로 가득 찬 연못, 그리고 산 꼭대기에 있는 탑을 볼 수 있습니다.

명상으로 당신은 Zen(이 세계의 돈)을 벌 수 있습니다. Animate 버튼을 누르고 가만히 있으면 Zen을 얻을 수 있죠. 그리고 더 높은 깨우침의 상태에 도달할 수 있을 겁니다.

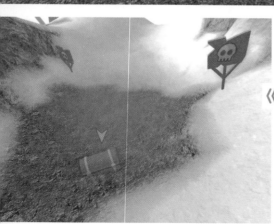

몇몇 장소들은 열반 상태에 도달한 자에게도 금지되어 있습니다. 해골이 그려진 배너를 조심하고, 그것들을 건너지 마세요. 그렇지 않으면, 당신은 미지의 힘에 의해 보기좋게 내던져질 겁니다. 깨우친 자들을 던지는 게 더 쉽다는 걸 당신은 보게 될 겁니다…

게임정보

개발자	Crykee
하위 장르	탐험, 쇼케이스
방문자수	
즐겨찾기	

당신을 위한 꿀팁

명상의 달인

당신은 명상하여 더 많은 Zen을 얻음으로써, 다른 명상 애니메이션을 사용할 수 있게 될 겁니다. 각각의 다른 애니메이션을 인벤토리 화면에서 선택하세요. 그러면 당신이 좋아하는 자세를 고르기 전에 미리보기로 확인할 수 있습니다.

행방불명

맵 곳곳에는 숨겨진 상자가 많습니다. 심지어 수면 밑에도 있죠. 그러니 모든 구석과 갈라진 틈을 잘 살펴보세요. 당신이 열게 될 상자는, 당신이 어딜 가든 따라올 색색의 구슬을 줄 겁니다.

치트 모드

당신이 Zen을 얻기 위한 방법이 그저 가만히 있는 거라면, 게임을 켜 두고 다른 걸 해도 됩니다. 당신이 돌아왔을 때는 당신이 생각한 것보다 더 많은 Zen을 가지게 되겠죠. 영혼은 당신이 Zen 사기꾼이라는 걸 알겠지만요…

깨우친 자

당신의 남은 생을 엄숙한 명상을 하며 보내고자 한다면, 일단 당신은 반드시 명상에 어울려 보여야 합니다. 명상과 관련된 옷이나 기운, 심지어 날아다닐 수 있는 능력을 게임 내 상점에서 구입하세요.

CRYKEE

수백 시간을 Roblox의 게임을 하는 데 투자한 Crykee는 Elite Builders of Robloxia에 가입한 후 이 플랫폼에 대해서 진지하게 생각하기 시작했습니다. 그리고 그는 빠르게 그의 게임을 개선했죠! 아래에서 Crykee는 친구를 사귀는 즐거움과, 최고로 가기 전에 작은 것부터 먼저 해야 함을 알려줍니다.

새로운 친구를 만드는 것에 대해

"저는 Roblox에서 다른 사람과 관계 맺는 것을 좋아해요."라고 Crykee는 말합니다. "당신에게 생각지도 못한 새 친구가 생긴다는 건 좋은 일이죠. 서로 경쟁하거나, 롤플레잉을 하거나, 아니면 단지 쉬거나 흥미로운 대화를 할 수 있는 친구 말입니다. 게임에 접속한 후 무슨 일이 벌어질지 예측할 수 없다는 매력이 계속해서 저를 사로잡고 있습니다."

최소 기능 제품에 대하여

Cryke는 개발자가 첫 번째로 해야 할 것은 견고한 디자인이라고 조언합니다. "당신이 게임에서 원하는 것이 무엇인지 생각해 봄으로써 견고한 디자인을 얻을 수 있습니다. 당신은 왜 게임을 만들려고 하나요?" 그가 말하길, 생각한 후부터는 특징을 추가

하는 일은 쉬워진다고 합니다. "친구들과 최소 기능 제품을 실험할 게임을 만들면서 시작할 수 있습니다. 만약 만족스럽지 않다면, 한걸음 뒤로 물러서서 본 다음 개선하세요."

자유로운 창작에 대해

"만드는 데 걸리는 시간을 무시한다면, Theme Park Tycoon을 만들어 보고 싶어요."라고 Crykee는 말합니다. "저는 플레이어에게 주어지는 자유로운 상상력을 좋아합니다. Roblox에서 스스로 무언가를 만들어 보는 것과 비슷하죠. 커뮤니티는 플레이어가 게임에서 경험하고 싶은 걸 선택하게 됩니다."

HEROES OF ROBLOXIA

Robloxia는 악당들로부터 공격받고 있고, 오직 당신과 당신의 팀만이 Robloxia를 구할 수 있습니다. Heroes of Robloxia에서 당신만의 히어로 만화에 뛰어들어 보세요. 이 게임은 당신과 당신의 슈퍼 친구들이 Robloxia에서 가장 사악한 악당과 맞서 싸우는 에피소드 방식의 어드벤처 게임입니다.

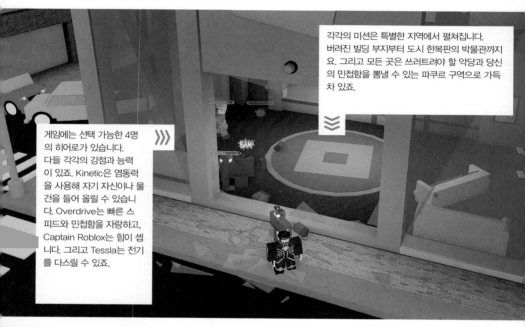

각각의 미션은 특별한 지역에서 펼쳐집니다. 버려진 빌딩 부지부터 도시 한복판의 박물관까지요. 그리고 모든 곳은 쓰러트려야 할 악당과 당신의 민첩함을 뽐낼 수 있는 파쿠르 구역으로 가득차 있죠.

게임에는 선택 가능한 4명의 히어로가 있습니다. 다들 각각의 강점과 능력이 있죠. Kinetic은 염동력을 사용해 자기 자신이나 물건을 들어 올릴 수 있습니다. Overdrive는 빠른 스피드와 민첩함을 자랑하고, Captain Roblox는 힘이 셉니다. 그리고 Tessla는 전기를 다스릴 수 있죠.

악당들은 뒤에서 조종할 수 있는 자신의 똘마니들을 미션마다 배치해 놨습니다. 똘마니들에게 수많은 슈퍼팀 콤보를 연습해 보고, 악당을 이겨 그들을 기지의 감옥에 가두세요.

게임 정보

스튜디오	Team Super
하위 장르	전투, 플랫포머
방문자수	
즐겨찾기	

당신을 위한 꿀팁

히어로 파티

Robloxia의 악당에 맞서 싸우는 임무를 도와줄 친구들을 모아서, 더 편한 영웅으로서의 삶을 보내세요. 곳곳에 흩어져 있는 똘마니들을 처리할 사람이 더 많아지면, 각각의 시나리오마다 캐릭터를 바꿀 필요도 없어지죠.

일당백

만약 혼자서 플레이한다면, 상황에 맞게 캐릭터를 바꿀 수 있습니다. 하지만 캐릭터가 바뀌어도 체력은 변하지 않는다는 걸 알아두세요. 곤경에 빠졌다면, Overdrive로 바꿔 재빨리 달아나거나, Tessla로 바꿔 원거리 공격을 하세요.

집단 공격

적이 집단으로 당신을 공격하면, 당신의 체력은 더 빠르게 줄어들 겁니다. 그러니 그들을 하나하나씩 쓰러트리세요. 적들의 무리에서 한 명씩 유인하거나, 원거리 공격으로 멀리서 차례차례 공격할 수 있습니다.

반전 엔딩

최종 보스를 쓰러트려 만화책에서 영감을 받은 스토리의 결말을 밝혀내세요. 혹시나 악당들이 그리 나쁘지 않았을지도 모르잖아요? 파이널 미션을 클리어한 다음에 본부로 돌아가 밝혀내야 할 비밀이 더 있지는 않은지 확인하세요.

MASTEROFTHEELEMENTS

Team Super의 수석 개발자인 MasterOfTheElements는 처음에는 옷을 제작하면서 Roblox를 시작했습니다. 그러다가 게임 창작의 잠재성을 발견하고 "이전에는 Roblox에서 볼 수 없던 것"을 만들기 시작했습니다. 그가 포부를 찾기까지 겪은 시련에 대해 이야기해 봤습니다.

열정을 잊지 않는 법에 대하여

능력을 갖추는 건 정말로 좋죠, 하지만 MasterOfTheElements는 그것이 당신에게 필요한 전부는 아니라고 합니다. "능력을 발현하기 위해 수많은 시간을 투자해야 하죠. 그리고 몇 년의 시간 동안 같은 일에 계속 매진하다 보면, 시작할 때의 열정은 점점 사라질 겁니다. 그때, 이 시련을 헤쳐나가야 할 의지가 필요하죠. 열정이 사라지더라도 누구도 1년 내내 똑같은 생각만 하지는 않습니다. 그동안 다른 아이디어가 떠오를 때도 있을 거예요. 당신이 지금 몰두하는 것보다 더 나아 보이는 아이디어 말입니다. 바로 그때 당신은 딜레마에 직면하게 됩니다: 전에 좋을 거라고 생각했던 작업을 계속하고 싶습니까? 아니면 잠깐 멈추고 좀 더 나아 보이는 작업을 시작하고 싶습니까?"

아이디어에 대하여

"당신이 게임 개발자인지, 게임 개발자가 되고 싶은 사람인지와는 상관없이, 모든 사람이 'Roblox에서 가장 멋진 게임'이 될 거라고 생각하는 아이디어를 갖고 있죠." MasterOfTheElements는 말합니다. "당신의 목표가 메인 페이지의 상위 5개 게임이 된다든지, 아니면 1,000 방문수를 달성한다든지 하는 것은 사실 중요하지 않습니다. 모든 사람이 좋은 아이디어를 갖고 있다는 것이 중요하죠. 문제는 당신이 그걸 깨달을 때 찾아옵니다."

WOLVES' LIFE 2

늑대의 삶을 살아 보는 시뮬레이터에서 야성을 드러내세요! 무리를 만들거나 무리에 들어가고,
산, 호수 그리고 사막으로 가득 찬 세계를 탐험하며, 소굴을 차지하세요.
또한, 다양한 방법으로 당신의 늑대를 표현하고 세계의 다른 주민들과 어울리며
늑대의 삶을 즐겨보세요.

늑대로 플레이할 때, 늑대가 사용
할 수 있는 감정 표현들을 숙지하
세요. 예를 들어 일상처럼 먹고,
마시고, 앉는 것처럼요 – 그리고
웃긴 것도요!

게임에는 선택해서 플레이할 수 있
는 다양한 늑대가 있습니다. 우선
당신은 3종류의 늑대 중 하나를
선택할 수 있습니다 – 장모, 중간
모, 단모 늑대 중에서 말이죠.

세계 곳곳에는 많은 소굴이 흩어
져 있습니다. 대부분의 소굴은 다
른 무리가 이미 차지하고 있긴 하
지만, 당신만의 소굴로 삼을 수 있
는 빈 곳을 찾아야 합니다.

매 12시간마다 당신은 타임어택 모드에 도전할 수 있습니
다. 6분 안에 넓은 땅 위에 흩어진 100개의 보석을 모아야
하죠.

게임정보

스튜디오	Shyfoox studios
하위 장르	RPG, 시뮬레이션
방문자수	
즐겨찾기	

당신을 위한 꿀팁

털의 색깔
당신은 게임 초반에 당신만의 늑대를 커스터마이징할 수 있는 힘을 갖고 있습니다. 털 색깔부터 코, 그리고 귀 색상까지 선택할 수 있습니다. Advanced menu를 이용해서 늑대의 각 부위를 다른 색상으로 꾸며 보세요.

나이 설정
캐릭터를 만들 때 Adult, Teen, pup 중에서 어떤 역할을 할지 선택할 수 있습니다. 그들은 능력상 차이는 없지만, 대신에 당신은 친구들과 함께 가족을 구성하여 롤플레잉을 할 수 있습니다.

꽃이 피어나며
맵에 숨겨진 꽃들을 찾고, 마법 효과를 가져오기 위해 그들에게 다가가 보세요. 예를 들어 색색으로 반짝이는 효과나, 얼음이나 불 같은 자연의 효과를 가져올 수 있습니다. 이 효과들과 함께라면 당신은 무리에서 돋보일 수 있을 거예요!

강력한 짖음
Divine Wolf는 매우 비싸지만 정말로 많은 능력을 갖추고 있죠. 몸에서 영롱한 빛이 나고, 불이나 반짝거리는 효과를 만들어 내는 명령을 쓸 수 있습니다. 심지어는 중력을 무시하고 아무 플레이어에게 텔레포트 할 수도 있어요!

SHYFOOX

Shyfoox는 Roblox 게임 개발에 있어서 상대적으로 초보입니다 – 하지만 Wolve's Life 2나 Shyfoox의 다른 유명한 창작물, Furana and Dragon's Life를 보면 초보 같은 모습을 찾아보기 힘들죠. Shyfoox studios가 어떻게 개발자 그룹으로 시작됐고, 어떻게 영감을 받았으며, Roblox fame의 영향력은 어떤지에 대해서 알아보세요.

첫걸음에 대하여
새로운 것을 시도하는 것은 쉬운 일이 아닙니다. "어느 날 컴퓨터를 만지면서 빈둥빈둥 놀다가 Roblox Studio 아이콘을 발견하고 '뭐가 어렵겠어?' 하고 열었죠. 도로를 만들려고 했지만, 제가 만든 것은 전혀 도로처럼 생기지 않았어요. 저는 그냥 블록을 복사해서 곳곳에 붙여넣기만 했죠. Scale, Move 그리고 Anchor 툴은 전혀 몰랐습니다. 제가 포기하려고 할 때, 친구가 저에게 무언가를 끝까지 만들어 보자며 도전장을 내밀었어요. 그리고 저는 이전에 스튜디오를 써봤기 때문에, 완전히 그를 날려 버렸죠! 이 일을 통해 저는 건축을 계속하게 되는 자극을 받게 되었어요."

예상치 못한 영감에 대하여
"새벽에 일어나서 갑자기 느꼈죠, 어제 있던 문제를 해결할 답을요!"라고 Shyfoox는 말합니다. "저는 학교에 가거나 샤워할 때, 아니면 한밤중에 아이디어가 종종 떠올라요."

유명함의 폐해에 대하여
"가끔씩은 평범한 플레이어였던 때가 그리울 때도 있어요." Shyfoox는 고백합니다. "제가 만든 게임에 들어가면 항상 사람들이 제 주위에 북적거리죠. Roblox에서 가장 좋았던 기억은 평범한 플레이어로서 순수했던 때예요."

ZOMBIE RUSH

좀비 아포칼립스에 오신 걸 환영합니다.
Zombie Rush에서 당신의 유일한 임무는 언데드들의 끝없는 맹공격을 견디는 겁니다.
수십 개의 무기를 고르고 아레나로 가세요.
그리고 당신과 당신의 뛰어난 좀비 킬러 분대가 얼마나 오래 살아남을 수 있는지 지켜보세요.

각각의 맵들은 다양한 설정에 기반을 두고 있습니다. 예를 들어, 버려진 우주 정거장이나 불길한 야생의 숲 같은 것들이요. 당신이 어디에 있든지간에, 당신은 좀비 떼로부터 벗어날 수 없습니다!

좀비와 스켈레톤은 Silver, Gold, Sapphire, Diamond, Emerald, Ruby, Amethyst, Obsidian, 그리고 Phantom 등 다양하게 맵 곳곳에서 스폰합니다. 확률적으로 거대한 "Brute" 버전으로도 스폰할 수 있습니다!

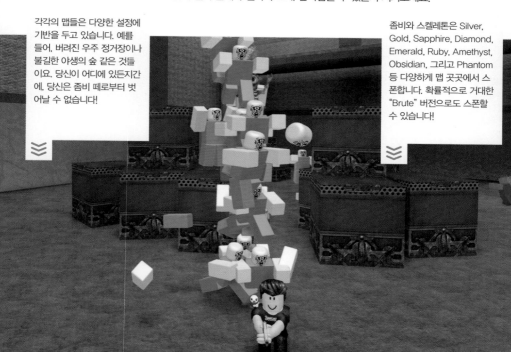

무기 선택 창에서 주 무기와 부 무기를 골라 무장하세요. 주 무기는 장거리 전투용 무기이며, 부 무기는 근접 전투용 무기입니다. 레벨을 올릴수록 더 강력한 무기를 잠금 해제할 수 있습니다.

게임정보

스튜디오	Beacon Studio
하위 장르	호러, 슈팅, 타이쿤
방문자수	
즐겨찾기	

당신을 위한 꿀팁

식은 죽 먹기

만약 좀비 떼가 동료 생존자를 쫓고 있다면, 좀비 사냥과 생존은 쉬워질 것입니다. 좀비 떼 옆에서 그들을 쏘세요. 그리고 일반 좀비를 먼저 조준해서 가능한 한 최대의 킬을 채우세요. 하지만 좀비가 당신을 쫓아올 수 있다는 것을 명심하세요!

체력 회복

만약 당신의 체력이 너무 낮다면, 좀비를 그만 잡고 좀비들로부터 최대한 멀리 떨어지세요. 추적자들이 쉽게 따라오지 못하도록 경사진 땅이나 장애물을 이용하고, 그들이 당신을 다시 공격하기 전에 체력을 회복하세요.

팀 바꾸기

만약 너무 일찍 죽어서 다음 라운드까지 기다릴 수 없다면, 로비에 있을 때 메뉴에 있는 좀비 버튼을 누르세요. 그럼 당신은 좀비로 플레이하며, 생존한 플레이어들을 더 힘들게 할 겁니다.

고지대

이 특별한 친구들은 점프하여 높은 장소에 도달할 수 있습니다. 높은 지형을 사용한다면 약간의 시간을 벌어 좀비 떼로부터 안전하게 도망갈 수 있습니다. 내려갈 곳 없이 좀비에 둘러싸여 갇히지 않도록 조심하세요.

HOMINGBEACON

HomingBeacon이 게임 개발을 시작했을 때, 그는 게임 개발을 비싼 모자와 게임 기능을 얻기 위한 하나의 방법이라고 생각했습니다. 그러나, 그는 곧 만드는 일이 진짜로 재미있다는 것을 알게 되었죠! 그는 새로운 게임을 만드는 방법과 Zombie Rush의 좀비의 기원에 대해 아래에서 설명합니다.

새로운 업데이트 계획에 대하여

"게임을 고치고 다음 업데이트를 고르는 데 있어서 저는 커뮤니티를 신뢰합니다."라고 그는 말합니다. "만약 제 메시지함에서 특정한 업데이트에 대한 많은 의견이 있다면, 저는 이것을 실현시키려고 최대한 노력할 겁니다."

게임 시작에 대하여

"저는 게임 타입 선택부터 시작하는 편입니다. 무엇이 더 좋아질 수 있고, 더 나아갈 수 있는지 보는 걸 좋아하죠. 프로젝트 초반에 열정을 잃지 않고 일하는 것은 정말 어렵고 힘들지만, 기초를 만들고 나면 좀 나아질 거예요."

효과적인 좀비 러시에 대하여

좀비 헌터들에게 주는 최고의 조언은? "좀비 떼로부터 한순간도 쉬지 않고 거리를 두고 움직이면 더 오래 살 수 있습니다. 그리고 헤드샷을 노리는 좀비들에게 더 많은 데미지를 줄 수 있을 거예요!"

로봇 러시에… 대하여?

좀비는 Zombie Rush에서 매우 중요한 요소이기 때문에 게임 이름에도 들어가 있습니다. 그러나 HomingBeacon은 말하죠. "처음에 개발을 시작했을 때, 좀비 대신 로봇 모델로 테스트했고, 첫 해에는 애니메이션도 없었어요!"

GALAXY

깊은 우주 속에 모든 것을 정복할 제국을 세우세요!
자원을 채굴하고, 그것들을 공개 시장에서 교환할 때, 당신은 외교를 사용하여 당신의 팀을 확보할 건가요?
아니면, 전쟁을 일으켜 엄청난 수의 함대를 이끌고 싸울 건가요?
Galaxy에서 선택은 당신에게 달려 있습니다!

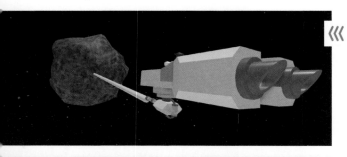

우선, 광물 채광선을 스폰하고 소행성으로 항로를 정하세요. 그리고 당신의 채굴 레이저를 키고, 당신의 화물칸이 가득 찰 때까지 기다리세요.

귀중한 광석이 있는 구역을 장악하기 위해, 당신의 팀과 협동하세요!
당신의 광부들은 적과 외계인으로부터 당신의 고속 구축함과 강력한 전함을 보호해 줄 겁니다.

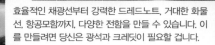

효율적인 채광선부터 강력한 드레드노트, 거대한 화물선, 항공모함까지, 다양한 전함을 만들 수 있습니다. 이를 만들려면 당신은 광석과 크레딧이 필요할 겁니다.

가까운 스테이션으로 가서, 당신이 채굴한 광석을 파세요. 그러고 나서, 더 많은 광석을 시장에서 싼 가격에 사고 다른 스테이션에서 더 높은 가격에 팔 수 있습니다.

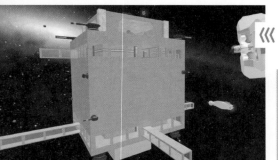

게임정보

개발자	rcouret
하위 장르	공상 과학, 거래, 시뮬레이션
방문자수	
즐겨찾기	

당신을 위한 꿀팁

미친 듯한 광부
당신이 속한 팀은 당신이 광석으로 얻는 돈에 영향을 끼칩니다. Economy Matrix를 계속 지켜보세요. 그래야 어떤 광석이 많은 돈을 주는지 알아낼 수 있습니다. 하지만 몇몇 광석은 일부 행성에서만 채광할 수 있다는 걸 잊지 마세요.

엘리트 거래자
더 비싼 화물선은 더 많은 광석들을 담고 운반할 수 있으며, 부수기도 더 어렵습니다. 비용만큼의 가치가 있는 거죠. 강력한 화물선은 우주 정복과 당신의 소중한 화물이 약탈자들에게 빼앗기는 것의 운명을 좌우할 수 있습니다!

공중전
전투는 때때로 피하기 어렵습니다. 그러니 상대의 전함을 잘 살피세요: 만약 총이 전함 아래에 있다면, 전함 위에서 접근하여 총을 쏘지 못하게 하세요. 항상 빠르게 움직여서 적이 당신을 공격할 기회를 줄이세요.

팀워크
상대의 기지를 파괴하려면 강력한 전함이 필요합니다. 그건 당신 함대가 패배할 수 있음을 뜻하기도 합니다. 다른 당파와 힘을 합쳐서 대원 수를 늘리세요 – 함께 일하며 당신 편에서 전함의 한계를 아는 건 굉장히 중요합니다.

RCOURET

rcouret은 아들이랑 함께 게임을 하기 위해 2013년에 Roblox에 가입한, 경험이 풍부한 프로그래머입니다. 그는 Roblox Studio에서 실험을 하기 시작했고, 성공적인 Roblox 개발에 착수했습니다. 이제 그가 어떻게 개발을 시작하고, 영감을 얻었고, 멋진 것을 만들었는지 들어 봅시다!

경험에 대하여
rcouret이 처음 Roblox를 접했을 땐, 그는 이미 여러 프로그래밍 기술을 마스터한 후였습니다. "Lua(스크립팅 언어 중 하나)를 배우는 건 그리 어렵진 않았습니다. Roblox가 대부분의 그래픽을 알아서 처리해 줘서, 멋진 게임을 만들 수 있던 것에 대해선 감사할 따름입니다."

게임을 분석하는 것에 대하여
Roblox Studio를 배우면서 그는 Wingman80이 그의 게임 Galleons를 카피-언락(무료 배포된 플레이스를 이르는 말)했다는 걸 알게 되었습니다. "저는 그 게임을 다운로드하고 연구하며, 여러 가지를 배웠습니다. 그리고 그 지식으로 제 최초 히트작 게임, Field of Battle을 만들기 시작했죠."

우주에서의 최고의 순간에 대하여
"양쪽 진영 모두 많은 드레드노트 군함과 굉장한 크레딧의 가치를 가진 군함들이 있었습니다. 전투는 굉장히 긴장감 있었고 굉장히 많은 레이저 빔과 미사일들이 날아다녔습니다. 어느 순간 갑자기, 제가 이 모든걸 단지 Baseplate에서 만들었다는 사실이 떠올랐습니다. 모든 플레이어가 제 게임을 즐기고 있다는 걸 알았을 때는 기분이 매우 좋았죠."

SHARD SEEKERS

당신은 여러 마을과 산, 강, 그리고 동굴을 돌아다니는 Shard Seeker입니다.
값비싼 조각들이 하늘에서 비 오듯 쏟아지고, 당신은 이를 찾아야 합니다.
이 조각들로 당신은 새로운 캐릭터를 사거나, 애완동물을 살 수 있으며
이들로부터 날거나 불 뿜기 등 새로운 능력을 얻을 수 있습니다!

조각이 어디로 떨어졌는지 유심히 보고, 모으러 가세요!
게임의 도전 과제 중 하나는 조각이 떨어진 고원에 이르는
길을 찾는 것입니다.

당신은 당신을 따라다닐 애완동물을 살 수도 있습니다.
말과 같은 동물은 탈 수도 있으며, 다른 동물들로 스폰해
서 그들의 능력을 사용할 수도 있습니다.

당신은 모은 조각들로 새로운 캐릭터를 살 수 있습니다. 처
음엔 사람으로 게임을 시작하지만 엘프, 오크, 호빗인 척
할 수 있는 능력을 살 수도 있습니다.

게임정보

개발자	Tomarty
하위 장르	RPG, 시뮬레이션
방문자수	
즐겨찾기	

당신을 위한 꿀팁

보기좋은 외관

새로운 캐릭터를 만들 때 성별, 피부색, 옷 같은 외관 커스터마이징 옵션들을 볼 수 있습니다. 다양한 캐릭터 명단을 갖춤으로써 더 재미있게 게임을 할 수 있습니다. 특히 롤플레잉에 참여하고 싶다면 말이죠.

스케일 모델

8,000개의 조각으로 살 수 있는 용은 굉장히 비싼 대신, 불을 뿜고, 날고, 심지어 당신이 탈 수도 있습니다! 게다가, 그저 굉장히 빨리 날 수 있는 새도우 용 가격의 반값밖에 안 하죠. 최고의 조각 사냥꾼에겐 완벽합니다!

평균대

흔히, 플랫폼으로 가는 유일한 길은 좁은 평균대를 지나서 가는 것입니다. 만약 여기서 떨어지면 처음부터 다시 시작해야 합니다! 달리기 조작을 이용해서 속도를 늦추고 정확하게 움직일 수 있도록 하세요. 그리고 가기 까다로운 지역을 탐험하세요.

이중 장착

당신의 캐릭터는 이중 무기를 장착할 수 있는 능력을 갖고 있습니다! 검을 첫 번째 슬롯에 넣고, 곡괭이를 두 번째 슬롯에 넣으세요. 그러면 데미지가 최대로 증가하며, 곰 같은 강한 적들과 대등한 조건으로 싸울 수 있습니다.

TOMARTY

8살 때 아버지에게서 프로그래밍을 처음 접한 Tomarty는 계속해서 Roblox에서 게임을 만들어 왔습니다. Shard Seekers를 운영하는 기술 뒤에 숨겨진 마법과, 꿈을 실현하는 데 왜 많은 시간을 들이는지 그와 함께 이야기해 봤습니다.

오랫동안 게임을 플레이하는 것에 대하여

Tomarty는 게임에 여러 기능을 추가할 생각은 있지만, 서두르진 않습니다. "저는 굉장히 많은 기능과 아이템을 지금 당장 넣어서 게임을 발전시킬 수도 있지만, 오랜 시간을 제대로 투자하여 굉장히 오랫동안 남는 게임을 만들고 싶습니다." 그는 말합니다. "거창하지만, 제 최종 목표는 Skyrim같은 게임처럼 구체화된 게임을 만드는 것입니다."

네트워크의 마법에 대하여

Shard Seekers에서 가장 자랑스러운 것을 물어 봤을 때, Tomarty는 모든 것을 한 번에 다 다운로드하지 않고, 플레이를 하는 동시에 다운로드를 할 수 있는 점이라고 말합니다. "Shard Seekers는 굉장히 많은 동물 타입을 긴 로딩 시간 없

이 부를 수 있습니다. 저는 Shard Seekers를 Roblox 최초의 '거대한' MMORPG로 만들 생각입니다."

마법 시스템 제작에 대하여

기능을 계획하는 건 어려운 일일 수 있습니다. "게임에 어떤 마법 주문이 있는지, 방어구가 어떤 단계일지 저는 여전히 잘 모릅니다." Tomarty는 인정했습니다. 하지만 그저 시간 문제입니다. "시스템은 굉장히 강력한 방법으로 디자인되어 있기 때문에, 플레이어들은 이중 마법 주문을 쓰고 이중 무기를 장착할 수 있습니다."

ULTIMATE DRIVING: WESTOVER ISLANDS

Roblox에서 가장 현실적인 운전 게임 중 하나를 하기 위해 벨트를 꽉 매세요!
Ultimate Driving: Westover Islands에선 많은 차량 중 하나에 올라타고,
신호와 속도 제한, 통행료를 지키며 성공적으로 통과해야 합니다.
심지어 당신은 고속도로에서 운전하는 동안 일을 할 수도 있습니다.

도로에 익숙해졌다면, 게임 패스를 사서 일을 구할 수 있습니다. 경찰관은 도로법을 어기는 플레이어를 체포하고, 소방관은 불을 끄고, 고속도로 근로자들은 고장난 차를 끌고 갑니다.

당신은 차를 살 수 있도록 $10,000를 가지고 게임을 시작합니다. 하지만 단순히 운전을 하고 돌아다니면서 더 많은 돈을 얻을 수 있죠. 각각의 차들은 마일마다 다른 금액을 만들어 냅니다. 하지만 안전 운전에 유의하세요! 만약 속도 제한을 어기면 벌금을 내야 할 겁니다.

정비소에서 차를 커스터마이징하세요. 색깔을 바꾸고, 번호판을 바꾸세요. 심지어 번호판에 원하는 문자를 넣을 수도 있습니다.

게임정보

개발자	TwentyTwoPilots
하위 장르	도시 계획, 운전, 시뮬레이션
방문자수	
즐겨찾기	

당신을 위한 꿀팁

차 메카닉

운전을 하다 보면 기름이 떨어 지기 시작할 겁니다. 차에 기 름을 채워 넣기 위해서는 주유 소에서 내려야 합니다. 디스포 닝 없이 차에서 나가고 싶다면, 차가 사라지지 않도록 "Park" 버튼을 누르세요.

표지판 보기

운전할 때는 항상 표지판을 주 의 깊게 봐야 합니다. 표지판 은 당신이 달리고 있는 도로의 제한 속도를 알려주고, 앞에 있는 장애물을 경고하기도 하 죠. 몇몇 고속도로는 특정 지 점을 지나갈 때 요금을 받는다 는 것도 알아두세요.

현상금 사냥꾼

플레이어가 교통 위반을 하면 그들에게 현상금이 걸리고, 경 찰 플레이어가 당신을 잡으러 올 것입니다! 당신이 잡히기 전 에 얼마나 큰 현상금이 걸릴까 요? 당신은 얼마나 많은 현상 금을 걸리게 할 수 있나요?

집에서의 재미

Westover Islands에는 무수 히 많은 집이 여기저기 흩어져 있고, 한 집당 $50,000에 살 수 있습니다. 다른 플레이어를 룸메이트로 초대하면, 그들은 그들이 원할 때 당신의 집에 마음대로 들어올 수도 있죠.

TWENTYTWOPILOTS

TwentyTwoPilots는 2008년부터 Roblox와 차에 관심을 갖기 시작했습니다. 그가 자동차 파괴 경기(차들끼리 서로 계속 충돌해서 부수는 경기. 사실상 격렬한 범퍼카를 하던 시절 말입니다. 그 이후로 그는 차 시뮬레이션을 마스터하고, Ultimate Driving 시리즈 를 만들기 시작했습니다. 그가 어떻게 세계와 비즈니스, 팬을 만들게 되었는지 아래에서 알 아보세요.

맵 제작에 대하여

Ultimate Driving 시리즈의 컨셉은 완벽하기 때문에, 각 게임들 은 새로운 맵을 디자인하는 것에만 집중하면 됩니다. "보통은 제가 맵의 기초를 간단하게 그리는 걸로 시작합니다. 그리고 이 것은 Ultimate Driving 세계에 퍼즐 조각처럼 맞아 들어가죠. 그러고는, 맵을 만들기 시작합니다. 보통은 이미 존재하는 지역 의 경계에서 시작해요."

플레이어의 규모에 대하여

"플레이어 및 개발자의 입장에서, 제가 가장 좋아하는 커뮤니티 의 측면은 커뮤니티의 방대한 규모입니다."라고 그는 말합니다. "개발자의 입장에서 보면, 제 게임을 플레이할 수 있는 잠재적 인 플레이어가 굉장히 많은 거고요, 플레이어의 입장에서 보면,

제 친구들과 즐길 수 있는 게임들이 굉장히 많은 거죠."

유익한 열정에 대하여

처음엔 그저 창의력을 발산하는 수단으로 Roblox에서 게임을 만들기 시작했습니다. "그러다가 그게 유익해졌습니다. 창의력 은 제가 하는 일의 핵심이긴 하지만, 이게 생계를 꾸려나가는 데 도움이 되지 않는다면, 저는 창의력을 표출하는 데 그렇게 많은 시간과 노력을 쏟아붓지 않았을 것입니다."

WHATEVER FLOATS YOUR BOAT

이 창의적이고 정신 없는 슈팅 게임에서 보트를 만들고, 홍수에서 살아남고,
다른 플레이어와 전투를 할 수 있습니다! 매 라운드가 시작할 때마다 육지에서 보트를 디자인합니다.
그리고, 물이 차오르기 시작하면 보트에서의 전투가 시작되죠.
당신의 대포를 가져오세요. 권총을 장전하고, 최고의 자리를 위해 싸우세요!

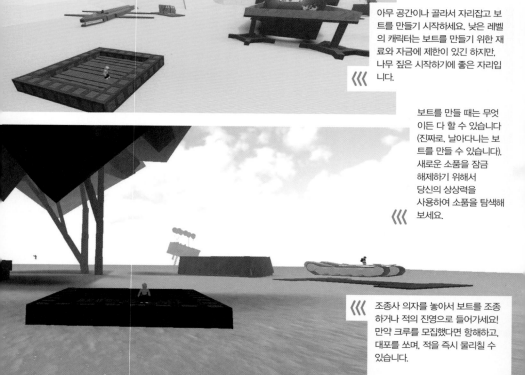

아무 공간이나 골라서 자리잡고 보
트를 만들기 시작하세요. 낮은 레벨
의 캐릭터는 보트를 만들기 위한 재
료와 자금에 제한이 있긴 하지만,
나무 짚은 시작하기에 좋은 자리입
니다.

보트를 만들 때는 무엇
이든 다 할 수 있습니다
(진짜로, 날아다니는 보
트를 만들 수 있습니다).
새로운 소품을 잠금
해제하기 위해서
당신의 상상력을
사용하여 소품을 탐색해
보세요.

조종사 의자를 놓아서 보트를 조종
하거나 적의 진영으로 들어가세요!
만약 크루를 모집했다면 항해하고,
대포를 쏘며, 적을 즉시 물리칠 수
있습니다.

물이 다 차오르면 당신은 권총을 쏘고, 검을 휘두
르고, 대포를 쏠 수 있습니다. 상대의 보트에 피해
를 줌으로써 경험치를 얻고 플레이어들을 KO시키
며 돈을 얻을 수도 있죠.

게임정보

개발자	Quenty
하위 장르	건설, PvP, 슈팅
방문자수	
즐겨찾기	

당신을 위한 꿀팁

안정적인 집
Whatever Floats Your Boat 는 Roblox의 물리를 최대한 많이 이용합니다. 만약 중장비판과 대포가 고르게 배치돼 있지 않다면, 당신의 보트는 뒤집힐지도 모릅니다. 부력이 큰 물체를 사용하여 중심을 잡으세요.

보물 상자
홍수가 지나가고 나면 상자를 집으세요. 상자는 자금을 보충하고 보트를 다시 만들기 위한 돈과 경험치가 들어 있습니다. 가끔은 배에 장착 가능한 대포도 들어 있어 상대에게 피해를 입힐 수 있죠.

망대
당신의 배를 만들면서도 다른 사람의 배에 눈을 떼지 마세요. 그리고 상대의 배가 가진 약점이 뭔지 생각하세요. 만약 그들이 탱크를 만든다면, 당신은 속도가 빠른 보트를 만들어 빠르게 그들을 저격하여 이길 수 있습니다.

투포환
대포알은 쏘면 멀리까지 떨어집니다. 멀리 쏠 땐 높이 조준하여 목표를 맞출 수 있도록 하세요. 그리고 대포알을 적의 바로 위로 쏘면 그들에게 피해를 입힐 수 있다는 것을 기억하세요.

QUENTY
Quenty는 2009년에 12살이라는 나이로 Roblox 게임을 만들기 시작했으며, 지금까지 한 번도 게임 개발을 멈춘 적이 없습니다. 그는 개발 경험을 공유하기 위해, 그의 코드 중 반을 공개했습니다. 누구나 사용할 수 있죠! 그는 숙제 대신 코딩을 하는 것과, 보트의 문제를 고치는 것에 대한 자신의 생각을 아래에서 공유합니다.

실패에 대하여
Quenty는 게임 개발을 배우는 사람들을 보고 감탄합니다. "그들은 프로그래밍도 모르고 게임 디자인도 모르지만, 일단 여러 번 시도하고 또 여러 번 실패할 겁니다. 그리고 언젠가는 뭔가 굉장한 걸 만들어 내는데 성공할 겁니다."

늦은 밤에 대하여
Roblox 게임 개발을 하면서 인상 깊었던 추억 중 하나는 밤에도 깨어 있던 것이었습니다. "저는 부모님께 숙제를 해야 한다고 말하고, 새벽 2시나 3시까지 Roblox에서 게임을 만들기도 했었죠." 그는 그의 친구들과 함께 서버에서 게임을 하기도 하고 그의 창작물을 폭파시키기도 했습니다. "그 밤은 항상 Roblox 서버가 폭파하는 것으로 마무리 됐어요."

보트의 문제에 대하여
"제 게임엔 한가지 문제가 있었습니다. 플레이어가 물리를 이용해 큰 보트를 만들어서 다른 플레이어의 보트를 맵 밖으로 날렸던 문제였죠. 그래서 저는 떨어진 보트는 돈으로 환산해서 돌려줌으로써 플레이어가 보트를 다시 만들 수 있는 기능을 추가했습니다. 다른 플레이어들은 이 사실을 알고는, 맵의 아래에서 계속 보트를 만들어 돈을 벌었죠. 아래에서 만든 보트는 떨어진 보트와 다름 없으니까요. 전 제 게임이 창의력과 학습을 장려하기를 원했습니다. 그리고 어떤 면에선 그렇게 됐네요."

AFTER THE FLASH: DEEP SIX

미국 조지아주의 포스트-아마겟돈을 탐험하며,
핵무기 아포칼립스가 남긴 무정부 세계에서 살아남으세요.
화려하게 그려진 이 세계는 여러 파벌이 영토를 차지하기 위해 싸우고 있습니다.
당신이 당신만의 이야기를 만들기에 딱 좋은 곳이죠.

당신은 당신의 캐릭터가 살아갈 지역에 스폰하게 됩니다. 이 섬세한 세계에서는 굉장히 많은 것을 볼 수 있죠. 모험하고, 다른 플레이어를 만나며, 그들의 캐릭터를 알아갈 수 있습니다.

게임 뒤에 숨겨진 전설을 읽고, 그곳에 살고 있는 캐릭터를 상상해 보세요. 그 캐릭터는 어떤 파에 들어갈까요? 그들은 무엇을 생각하고, 무엇을 말하며, 또 어떻게 행동할까요?

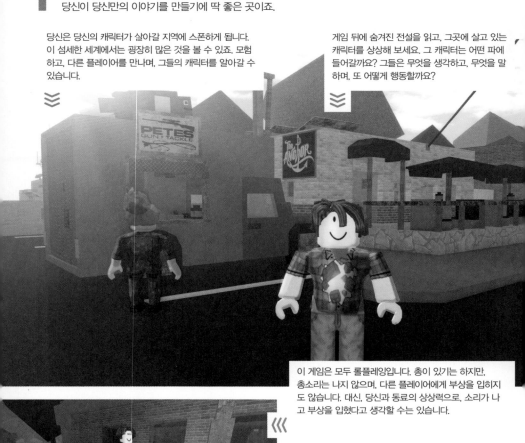

이 게임은 모두 롤플레잉입니다. 총이 있기는 하지만, 총소리는 나지 않으며, 다른 플레이어에게 부상을 입히지도 않습니다. 대신, 당신과 동료의 상상력으로, 소리가 나고 부상을 입혔다고 생각할 수는 있습니다.

게임정보

스튜디오	After The Flash Advisory Board
하위 장르	RPG, 탐험
방문자수	
즐겨찾기	

당신을 위한 꿀팁

첫 번째 규칙
당신은 롤플레잉을 하고 있기 때문에, 비현실적인 방법으로 행동하는 것은 피해야 합니다. 진짜 현실인 것처럼 플레이하세요 – 어느 누구도 살아남을 수 없을 것 만큼 높은 곳에서 뛰어내리지 말고, 코앞에서 쏜 총에서 살아남은 척 하지 마세요!

라디오 튜닝
라디오에 귀를 기울이세요! DJ는 멋진 음악 외에도 이 세계에서 일어나는 상세한 이야기를 들려 주기도 합니다. 이 정보를 사용하여 당신은 캐릭터의 특성을 바꾸거나, 새로운 모험을 시작할 수 있습니다.

첫 번째 만남
다른 플레이어 그룹을 만났을 땐, 그들의 롤플레잉을 방해하면 안됩니다. 그들을 파악하지 못하면 실수로 그들의 롤플레잉을 망칠 수도 있습니다! 그러니 시간을 들여서 그들의 이야기를 잘 듣고, 어떻게 그들과 함께 어울릴 수 있는지 보세요.

이야기하기
대화 기호를 이용하여 당신의 캐릭터가 말하고 있다는 걸 보여 주고, 별표를 사용하여 당신이 행동하고 있다는 걸 보여주세요. 다른 사람에게 음식을 주는 것과 같은 행동을 할 때 말이죠. 항상 다른 사람의 이야기에도 귀를 기울이는 걸 잊지 마세요!

CHADTHECREATOR

2011년에 시작된 After the Flash 시리즈 외에도, ChadTheCreator는 다양한 종류의 게임을 만들어 왔습니다. 그가 게임 플레이어에게서 어떻게 영감을 얻는지, 그리고 어떻게 보드게임으로부터 Roblox 게임을 만들게 되었는지에 대해 이야기를 나눠 봤습니다.

게임을 만드는 이유에 대하여
ChadTheCreator는 게임 개발을 "굉장히 매력적인 과정"으로 보며 오랫동안 개발을 해 왔습니다. "저는 어렸을 때 보드 게임과 카드 게임을 많이 만들었습니다. Roblox는 그냥 더 넓은 게임 개발을 위한 가상 공간이라고 느꼈고, 제가 원하던 게 바로 이거였습니다. 당신이 만든 게임을 즐기는 사람들을 보면 굉장히 기분이 좋을 거예요."

인상 깊었던 Roblox 추억에 대하여
"저와 제 친구들은 주로 건축 게임을 했습니다. 그리고 큰 로켓을 만들어 서버에 있는 사람들을 우주로 날려보낸 적도 있어요"라고 그는 기억합니다. "우리는 엔진 메커니즘을 구성하고 괴상한 우주선을 만드는 것을 굉장히 즐겼습니다."

플레이어의 아이디어를 참고하는 것에 대하여
"저는 커뮤니티의 아이디어를 참고합니다." 그는 말합니다. "제 게임의 많은 핵심 부분들은 플레이어의 피드백과 제안을 받아들인 데서 나왔죠."

Deep Six의 엔딩에 대하여
ChadTheCreator는 이 특별한 에피소드의 엔딩을 계획하고 있다고 밝혔습니다. 엔딩은 "플레이어가 게임 내에서 어떻게 상호작용하는지 탐구하는 것"에 기반을 둘 것입니다.

PINEWOOD COMPUTER CORE

금방이라도 폭발할 것 같은 지하 시설을 구경하러 오세요!
당신의 임무는 이 슈퍼컴퓨터가 과열되지 않도록 하는 것입니다.
하지만 아마도 다른 무언가가 당신을 방해할 거예요. 시설의 구석구석을 탐험하고,
모든 버튼을 눌러 보고, 비밀을 찾아 내세요. 그러면 당신은 살아남을 수 있습니다!

이 코어 방은 컴퓨터 냉각 시스템의 상태를 보여 줍니다. 이를 통해 컴퓨터의 온도를 확인하고, 다음에 해야 할 일을 계획하는 데 사용하세요.

팀을 구성하세요. 그리고 코어를 차갑게 유지하는 시스템을 조작할 수 있는 구역으로 가서, 코어의 과열을 막으세요.

만약 코어의 과열을 막을 수 없다면, 당신은 3분 안에 사일로스를 발사하는 곳이나 지상으로 나갈 수 있는 엘리베이터 탈출구로 대피해야 합니다.

게임정보

개발자	Diddleshot
하위 장르	공상 과학, RPG, 탐험
방문자수	
즐겨찾기	

당신을 위한 꿀팁

돌아다니기
Pinewood Computer Core 는 굉장히 큰 시설이기 때문에, 컴퓨터를 계속 작동하게 하기 위해서는 굉장히 많은 것을 보고, 해야 합니다. 트럭을 타고 주위를 돌아다니세요. 보라색 바닥판에 올라서면 트럭을 리스폰할 수 있습니다.

장비 챙기기
컴퓨터의 내부 코어의 방사능 수치가 너무 높아서, 방사능 슈트를 입어야만 코어로 들어갈 수 있습니다. 그러나, 만약 코어가 과열되면, 슈트도 방사능을 견디지 못하기 때문에 아예 들어갈 수도 없습니다.

비밀 숫자
코어의 메인 프레임에는 키패드가 있습니다. 키패드에 코드를 입력하면 두 번째 키패드가 생깁니다. 만약 두 번째 키패드의 코드도 안다면, 세 번째 키패드가 생깁니다! 세 번째 키패드를 푼 뒤에 무슨 일이 일어나는지 아는 사람은 거의 없죠…

위로 가기
컴퓨터 코어는 전체 Pinewood Installation의 일부일 뿐입니다. 위로 올라가 Pinewood Research Facility 를 탐험할 수도 있습니다. 이는 올바른 엘리베이터를 타면 로딩되는 별도의 게임입니다.

DIDDLESHOT

Diddleshot의 첫 번째 게임은 강아지 먹이 공장 게임이었습니다. 여러 가지 물건들이 컨베이어 벨트에서 움직였죠. 그의 두 번째 작품은 기차를 파괴하는 게임이었습니다. 그 후, 거대한 채광 차량을 운전하고 세탁기에서 빙글빙글 도는 게임을 만들었습니다 – 이제 알겠죠? 그는 물리학을 갖고 노는 것을 좋아합니다!

물리학의 즐거움에 대하여
물리학은 Diddleshot이 Roblox에서 보낸 시간 중 많은 부분을 차지하고 있습니다. "저에게 가장 기억에 남는 순간은 2008년에 처음 Roblox를 했을 때 Roblox HQ(본사)를 폭발시킨 순간이었습니다. 물리를 포함한 많은 것들이 저를 매료시켰죠. 전 더 많이 만들고 많이 플레이하고 싶었습니다!"

개발 만족도에 대하여
"처음으로 게임을 만들고 많은 사람들이 플레이하는 걸 봤을 때, 사람들이 제가 만든 작품을 즐길 수 있다는 걸 알게 되었습니다."라고 Diddleshot은 말했습니다. "사람들이 즐길 수 있는 뭔가 크고 흥미로운 것을 만들고, 계속 발전시켜 나가면서 저는 큰 만족감을 느낍니다."

아이디어의 출처에 대하여
"전 항상 커뮤니티에서 아이디어를 얻습니다. 왜냐하면 그들이 제 게임을 즐기고 게임에 참여할 뿐만 아니라, 굉장히 좋은 아이디어를 가지고 있기 때문이죠. 전 그 아이디어들을 메모장에 적어 두고, 게임을 만들 때 이를 확인합니다."

컴퓨터 코어의 비밀에 대하여…
"사실 세 번째 코드는 뻥입니다."

MINER'S HAVEN

셀 수 없을 정도로 많은 재산을 늘리고 싶었던 적이 있나요?
그러면 당신은 제대로 된 곳에 왔습니다!
드로퍼, 컨베이어 벨트, 그리고 업그레이더를 놓아서 특별한 광산을 만들어 보세요.
광산을 만들고 나면, 더욱 강력한 아이템으로 거듭나기 위해 모든 것을 파괴하세요.

《《《 당신은 광산을 짓게 될 땅에서 철 드로퍼, 컨베이어 벨트,
그리고 이미 지어진 용광로와 함께 게임을 시작합니다. 그
리고 돈을 벌기 전에, 이것들을 배치해야 합니다!

벌어들인 돈으로 새로운 철 드로퍼
를 사고, 가능하다면 은 드로퍼
또는 더 좋은 드로퍼로 업그레이드
하세요. 광석의 가치를 높이기 위해
업그레이더도 놓아 두세요.

당신의 자금이 늘어나면, 광산을 계속해서 넓히세
요. 당신이 플레이하지 않을 때도 광산은 계속 돌아
갑니다! 당신이 쌓아올린 재산으로 새로운 아이템을
잠금 해제하고 이 세계를 탐험하세요!

게임정보

스튜디오	berezaa Games
하위 장르	건설, 타이쿤, 탐험
방문자수	
즐겨찾기	

당신을 위한 꿀팁

자금 투입
대부분의 업그레이더는 광석의 가치를 어느 한계 이상으로 늘릴 수 없습니다. 그러니 일련의 업그레이더를 건설할 때 이를 기억하세요. 더 이상 광석에 가치를 더하지 않는 업그레이더는 그저 공간만 차지할 뿐입니다!

옮기시오
광석을 모으고, 업그레이드하고, 제련할 수 있는 시스템을 만들기 위해, 여러 컨베이어 벨트의 조합을 시도해 보세요. 더 많은 광석을 모으기 위한 시스템을 만들기 위해 다른 디자인을 활용해 보세요.

과학 시간
몇몇 아이템은 Research Points로만 구매할 수 있습니다. 광산 주변에 무작위로 떨어지는 박스를 찾거나, 박스를 만들어 내는 특정 아이템을 만들어서 Research Points를 얻을 수 있습니다.

부활
$2,500경(굉장히 큰 돈입니다)를 모았다면, 당신은 다시 태어날 수 있습니다. 다시 태어나면 당신의 광산은 파괴될 것이고, 높은 단계의 아이템만을 지키게 되겠지만, 그 대신 부활 단계의 아이템을 얻어서 더 강해질 수 있습니다!

BEREZAA

berezaa의 게임들은 깊은 의미를 담고 있으며 기술적으로 복잡합니다. 이 시스템으로 여러 모험과 실험이 가능하죠. 이는 그가 처음부터 게임에 넣으려고 했던 특성입니다. 그에게 창의력이 왜 중요한지, 코딩을 좋아하지 않는데도 왜 게임을 만드는지에 대해 물어봤습니다.

타고난 코더가 아닌 것에 대하여
"저는 코딩을 좋아하는 사람들을 많이 알고 있죠. 하지만 저는 아닙니다." 그는 말합니다. "제가 처음 Roblox를 만났을 때, 마치 꿈이 현실이 된 것 같은 느낌이었습니다 – 어떠한 것도 다 만들 수 있는 물리 엔진이니까요. 그래서 땅을 짓고 동네를 만들었죠. 그리고 그때, 게임을 만들어 보고 싶다는 생각을 하게 되었습니다. 전 제 꿈을 현실로 만들기 위해 여러 기술을 배웠습니다."

게임 개발의 어려움에 대하여
"이는 멋진 아이디어를 내는 것과 그 아이디어를 완성시키는 것 사이의 어딘가에 있습니다." 그는 설명합니다. "어떨 땐 자기 자신을 의심하게 되는 때가 있습니다. 몇몇 일들은 불가능해 보이기도 합니다. 특히 버그 같은 문제가 생기면 말이죠. 하지만 그냥 그걸 밀치고 나아가야 합니다. 당신이 왜 이 일을 하는지 기억하고, 끝까지 완성을 해야 합니다."

창의력의 가치에 대하여
"내 게임이 플레이어의 창의력을 키운다는 것은 굉장히 자랑스러운 일입니다. 창의력은 사람들이 다른 관점에서 생각하도록 하죠. 저는 게임을 만들면서 영감을 얻었습니다. 그래서 제 게임이 후의 다른 게임 개발자에게도 도움이 되길 바랍니다."

HIDE AND SEEK EXTREME

아마 당신은 현실에서 이 게임을 해 봤을 겁니다. 하지만 이런 스케일로는 못 해봤을 거예요!
Hide and Seek Extreme은 플레이어를 쥐만한 크기로 만든 후,
일반적인 집처럼 생긴 곳에 그들을 풀어 둡니다.
숨는 역할을 하는 사람은 완벽하게 숨을 곳을 찾아야 하고, 술래는 그들을 찾아야 합니다.

이 게임에선 맵과 술래가 랜덤으로 정해집니다.
더 오래 플레이하고 성공을 더 많이 할수록,
당신이 술래일 확률은 높아집니다.

술래에게는 숨은 사람들을 잡아 그들을 게임에서 제외시키는 데에 단 4분의 시간만이 주어집니다! 술래는 다른 사람들보다 빨리 움직일 수 있고, 심지어 특수 기능을 쓸 수도 있습니다!

점프-패드를 사용하여 높은 테이블과 의자에 올라타세요. 그리고 당신을 먼 곳으로 텔레포트 시켜 줄 보라색 패드를 찾으세요. 최고의 술래나 숨는 사람이 되기 위해 모든 곳을 둘러봐야 합니다.

만약 당신이 숨을 차례라면, 술래가 당신을 찾으러 움직이기 전 1분 동안 숨을 곳을 찾아야만 합니다. 술래가 쉽게 찾을 수 없는 곳을 찾으세요. 그리고 그 곳에 숨어서 술래의 눈에 띄지 않도록 조심하세요!

게임정보

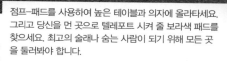

개발자	Tim7775
하위 장르	PvP, 탐험
방문자수	
즐겨찾기 수	

당신을 위한 꿀팁

특수한 힘

만약 당신이 슬래이고 기본 캐릭터 중 하나로 플레이 중이라면, 숨은 사람들을 접착제를 사용하여 못 움직이게 함으로써 잡을 수 있습니다. 다른 슬래 캐릭터는 전속력으로 달리거나, 카메라를 설치해 여러 구역에 숨은 사람들을 볼 수 있습니다.

사냥꾼의 눈

숨는 사람은 제3자 시점이라는 비밀 무기를 가지고 있습니다. 이 무기를 이용하면 당신 주변에 돌아다니는 사람을 지켜볼 수 있으며, 슬래가 당신에게 가까워질 때 슬래로부터 도망칠 수 있는 시간을 벌 수 있습니다. 또한, 숨기에 더 좋은 곳을 찾을 수도 있어요!

잘 보이는 곳에

가장 숨기 좋은 곳은 탁 트인 빈 공간입니다. 의자 다리(아니면 비슷한 것)를 고른 후에, 주변을 잘 살피며 눈에 띄지 않게 숨으세요. 그들은 절대로 그렇게 뻔한 곳에 당신이 숨었다고 예상하지 못할 겁니다.

상점 크레딧

라운드에서 생존하거나, 숨은 사람들을 잡거나, 맵에서 코인을 모으면 크레딧을 얻을 수 있습니다. 크레딧을 사용하여 새로운 슬래 캐릭터를 사고, 그 캐릭터의 능력, 애완동물, 그리고 조롱 능력으로 당신의 라이벌을 미치게 하세요!

TIM7775

2009년에 이 플랫폼을 사용한 이래로, Tim7775는 Roblox에서 Roblox와 게임의 품질이 느는 것을 지켜보는 것을 가장 좋아합니다. 아래에선, 그가 어떻게 그의 히트작을 만들기 시작했는지에 대해 설명하며 게임에서 가장 잘 숨을 수 있는 팁을 소개합니다.

Roblox의 USP에서

Tim7775가 Roblox를 좋아하는 이유는 게임을 만들 때 어려운 부분을 쉽게 만들어 주기 때문입니다. "크로스–플랫폼 멀티플레이어 기능을 게임에 넣는 데는 몇 분밖에 안 걸리며, 이는 Roblox에서 굉장히 독특한 기능입니다."라고 그는 말합니다. "이 기능은 게임 개발자들이 다른 기술적인 문제와 씨름하지 않고 게임 플레이를 만드는 데에 집중할 수 있게 해 줍니다."

마무리를 하는 것에 대하여

"제가 생각하기에, 게임을 만드는 데에서 가장 어려운 일은 마무리를 짓는 것입니다. 많은 게임들은 개발을 시작할 때 범위를 확인하지 못하고, 개발 중에 그 범위를 늘리곤 합니다." 이것은 "feature creep(하드웨어나 소프트웨어에 기능을 너무 많이 넣은 나머지 오히려 불안정해지는 현상)"으로 알려져 있습니다. "게임 업계에서 흔히 하는 조언은 최소의 기능만 있는 제품으로 시작하라는 것입니다."

최소 기능 제품에 대하여

"저는 게임 플레이 메카닉에 기반을 둔 최소 기능 제품으로 게임 개발을 시작합니다. 핵심적인 게임 플레이를 그대로 유지하면서도 심플한 게임을 만들 수 있죠. 사람들이 제 게임을 테스트하고 나면, 그들의 피드백을 모아서 중요한지 아닌지 확인하고, 만약 중요하다면 그 부분을 더 개발합니다."

FLOOD ESCAPE

물에 잠긴 건물에서 탈출하여 당신의 민첩함을 시험해 봅시다.
Flood Escape에선 당신의 파쿠르 기술을 사용하여 차오르는 물을 피해 출구를 찾아야 합니다.
하지만 당신이 홍수를 피하기 위해 다른 난이도와 모드를 선택하더라도,
계속해서 여러 장애물을 맞닥뜨리게 될 겁니다.

스폰 지점에서 당신은, 기본적인 것을 배우기 위해
트레이닝 지역으로 들어가거나, 쉬움 및 중간 난이도
엘리베이터를 타서 멀티플레이어 게임을 시작할 수
있습니다.

위쪽에 있는 출구로 가기 위해 당신은
플랫폼을 올라타야 하며, 출구의 문을 열
기 위해서는 각각의 파랑 버튼을 눌러야
합니다. 서두르세요! 물은 계속해서 차오
르고, 물에 빠지면 게임은 끝납니다.

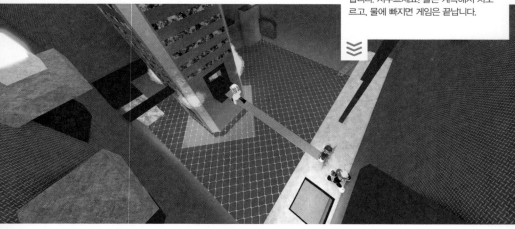

만약 네 개의 방에서 살아 남았다면, 당신의 최종 도전 과
제는 퍼즐을 푸는 것입니다. 문의 양면에 있는 버튼을 눌러
초록색 불이 들어오게 하는 패턴을 찾아 문을 열고 탈출하
세요.

게임정보

개발자	Crazyblox
하위 장르	탈출, 장애물
방문자수	
즐겨찾기	

당신을 위한 꿀팁

버튼 누르기
물에 잠긴 방을 탈출하면서 큐브처럼 생긴 여섯 개의 버튼을 다 눌렀다면, 숫자 콤비네이션 챌린지가 끝난 후 보너스 라운드를 플레이하게 됩니다. 갑자기 나온 퍼즐에 당황스러울 수도 있지만, 퍼즐을 풀면 더 많은 포인트를 얻을 수 있습니다.

코드 해독기
논리적 순서로 여러 패턴을 시도해서 버튼 퍼즐을 풀어야 합니다. 만약 다른 사람이 퍼즐을 풀고 있다면, 그들을 방해하지 않도록 주의하세요. 만약 그들이 실패하면, 그 라운드에 있는 모든 사람이 실패할 겁니다!

포인트 = 상품
게임에서 이기면 Extreme Mode와 특수 기능을 사용할 수 있습니다. 방을 탈출하고 퍼즐을 풀어 얻은 포인트로는 외관을 꾸밀 수 있는 아이템을 살 수 있고, Flood Swords로 싸우는 PvP 모드인 Flood Gauntlet에 접속할 수도 있습니다.

사이몬이 말하길..
잘못해서 어딘가에 갇혔다면, 여러 물체를 타고 위로 올라갈 수 있다는 것을 잊지 마세요. 그리고 다음으로 어디로 가야 할지 모르겠다면, 다른 플레이어를 보고 따라가면 됩니다. 그들을 따라가면 게이트까지 가는 길을 찾을 수 있을 것입니다.

CRAZYBLOX

여러 레벨 편집기와 게임 엔진을 연구하면서, Crazyblox는 항상 게임을 만들고 싶어 했다는 것을 알게 되었습니다. Roblox Studio의 좋은 접근성과 다양한 온라인 기능이 그를 Roblox 개발자로 만들어 냈죠. 커뮤니티에 귀를 기울이는 게 왜 중요하고, 한 아이디어에 집중하는 게 왜 어려운지 그의 이야기를 들어 봅시다.

집중에 대하여
"저에게 있어 굉장히 어려웠던 것은 한 프로젝트만을 고수하고 그것에 집중하는 것이었습니다."라고 Crazyblox는 설명합니다. 그는 종종 여러 아이디어들 사이를 왔다 갔다 하곤 합니다. "여러 아이디어를 다루는 것은 연습하고 경험을 쌓는 데 있어서는 효율적이었지만, 그 어떤 게임도 큰 히트작이 되지는 않았습니다. 저는 여전히 저의 메인 게임들을 다 만들고 나면, 여러 다른 작은 프로젝트들을 가지고 놀곤 합니다."

아이디어를 평가하는 것에 대하여
커뮤니티는 Crazyblox의 아이디어를 평가하는, 매우 중요한 곳입니다. "당신의 게임을 플레이하고 평가하는 사람들의 피드백은 굉장히 중요합니다. 당신의 게임이 유명해질지 아닐지는 보통 그들이 최종적으로 결정하기 때문이죠!"

물을 재개발하는 것에… 대하여?
Crazyblox는 그의 새로운 게임 Flood Escape 2에서의 수영 메카닉을 가장 자랑스러워 합니다. "저는 기본적인 물 시스템을 사용하려 했지만, 제가 원하던 것은 없더군요. 저는 부드럽고, 물 높이를 조정할 수 있으며, 플레이어가 더 쉽게 접근할 수 있기를 원했습니다. 제가 직접 물 시스템을 만들 수 있다는 사실은 Roblox가 얼마나 유능한지 보여 주죠."

CAR CRUSHERS

Car Crushers는 모든 것을 부서뜨릴 수 있는 곳입니다. 자동차, 트럭, 버스 등 차량을 고르세요.
그리고 당신이 선택한 파쇄기에 그 차량을 넣어서 짓누르고, 찌르고, 부수세요!
더 많이 부술수록 더 많은 돈이 들어올 거예요.
그 돈으로는 부서뜨리기 더 좋은 차량을 살 수 있습니다!

당신은 쇼룸에서 게임을 시작합니다. 스타일리시하면
서 찌부러뜨릴 수 있는 차량을 볼 수 있는 곳이죠.
가장자리 주변 지점은 차량을 스폰할 수 있는 곳입니
다. 우선, 두 대의 무료 차량 중 하나를 선택하여 부수
세요.

부서뜨릴 시간입니다! 컨베이어 벨트까지 차량을
운전해서 간 후 차에서 내리세요. 안전 거리를 유지하
고, 버튼을 눌러서 차량을 부수면 됩니다.

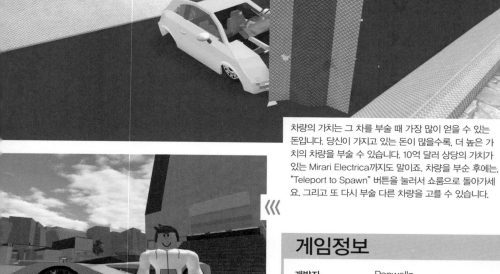

차량의 가치는 그 차를 부술 때 가장 많이 얻을 수 있는
돈입니다. 당신이 가지고 있는 돈이 많을수록, 더 높은 가
치의 차량을 부술 수 있습니다. 10억 달러 상당의 가치가
있는 Mirari Electrica까지도 말이죠. 차량을 부순 후에는,
"Teleport to Spawn" 버튼을 눌러서 쇼룸으로 돌아가세
요. 그리고 또 다시 부술 다른 차량을 고를 수 있습니다.

게임정보

개발자	Panwellz
하위 장르	도시 계획, 운전, 타이쿤
방문자수	
즐겨찾기	

당신을 위한 꿀팁

빠르게 돈 벌기

보다 빠르게 많은 돈을 벌고 싶다면, 스폰할 수 있는 차량 중 가장 비싼 차량을 부수세요. 그러면 당신은 가장 많은 돈을 벌 수 있습니다. 차를 스폰하는 데에는 돈이 들지 않으니 걱정 마세요. 늘어나는 돈은 새로운 차량을 잠금 해제하는 데에만 쓰입니다.

알뜰하게 부수기

부술 때 가장 많은 돈을 얻기 위해선, 차에 가장 많은 피해를 주는 기계를 선택해야 합니다. 예를 들면 Roof Laser는 차체가 낮은 차량에는 좋지 않죠. 가장 효율적인 기계는 Giant Crusher이지만, 좋은 만큼 더 많은 사람들이 사용하기 위해 길게 줄을 선다는 뜻이기도 합니다.

팔다리

차를 부술 때 당신의 머리가 떨어지지 않게 조심하세요! Speeding Train 분쇄기에 너무 가까이 붙어 있으면 몸의 일부가 떨어져나갈 수도 있습니다! 하지만 걱정 마세요. 만약 당신이 산산이 조각나더라도 쇼룸에서 다시 리스폰할 테니까요.

비밀의 분쇄기

분쇄 기계로 가득한 이상한 섬을 주의 깊게 탐험하다 보면 여러 비밀을 찾을 수 있습니다. 혹시 에너지 코어에 대해 들어본 적이 있나요? 에너지 코어를 찾을 수 있나요?각 분쇄기 주변을 조사해 보고, Energy Core를 찾을 수 있는지 알아보세요.

PANWELLZ

Panwellz는 자잘한 업데이트와 리메이크를 통해 천천히 개발 기술을 발전시키는 동시에 경험을 쌓아왔습니다. 아래에선, 그가 게임 개발의 어떤 면에 이끌렸는지, 그리고 자신의 창작물에 사람을 끌어들이는 게 왜 중요한지에 대해서 이야기하며, 빅뱅의 자그마한 비밀도 밝힙니다!

나누는 것에 대해

Panwellz가 게임 개발에 몰두하게 만드는 것은 다른 플레이어와의 소통입니다. 그는 이렇게 말합니다. "제가 좋아하는 것을 만들고 다른 사람이 이를 플레이함으로써, 그 사람이 저의 작품에 참여하게 되는 거죠."

플레이어 유치에 대하여

여러분은 프로그래밍과 버그가 게임 개발자의 가장 큰 과제라고 생각할 수 있지만, Panwellz에게 가장 큰 과제는 플레이어가 다시 돌아와서 게임을 하도록 만드는 겁니다. "당신은 게임에 공을 들이고 섬세한 디테일에 노력을 쏟아 부을 수도 있지만, 게임 플레이가 재미없다거나 디자인의 다른 부분에 문제가 있다면, 그 게임은 그리 오래 가지 못 할 것입니다."

붕괴를 탈출하는 것에 대하여

Car Crushers에는 게임을 더 극적으로 만드는 비밀 Energy Core가 있습니다. "모든 것을 터트려 버리는 붕괴와 마주하게 된다면, 최대한 빨리 자동차를 스폰하고 빌딩 밖으로 나가세요. 그리고 하늘에서 크고 하얀 빛줄기를 찾아 그 쪽으로 운전해서 탈출한 후, 헬리콥터를 타고 폭파에서 살아남으세요." 당신은 이제 붕괴에서 어떻게 살아남아야 하는지 알겠죠!

FANTASTIC FRONTIER

Fantastic Frontier에서 전설의 땅을 탐험하세요.
이곳은 몬스터랑 싸우고, 값비싼 물건을 약탈하고, 멋진 퀘스트를 수행하는 RPG입니다!
당신은 강력한 무기를 얻고, 마법을 배우고, 북적거리는 마을에서 집을 얻음으로써
이 섬세한 판타지 세계를 당신 것으로 만들 수 있습니다.

당신은 단순한 나무 검으로 게임을 시작합니다. 그러니 너무 많은 싸움에 휘말리지 않게 조심하세요. 버섯과 꽃을 따서 마을 광장에 있는 Big Box에 팔면 골드를 벌 수 있습니다.

Topple Town의 상점과 골목에서 많은 것을 알아낼 수 있습니다. 대장장이 Reus에게서 새로운 검과 광물을 캐기 위한 곡괭이를 사서 현명한 초기 투자를 하세요.

가장 가치 있는 아이템은 세계의 더 깊숙한 곳에 있습니다. 더 좋은 장비를 구매하여, 그 곳에 사는 위험한 괴물과 맞서 싸워 아이템을 획득하세요.

음식을 섭취하여 조금씩 체력을 채우세요.
아니면 숙소에서 200골드를 내고 푹 쉬며 체력을 전부 회복하세요. 만약 집을 산다면 무료로 쉴 수 있습니다!

게임정보

개발자	Spectrabox
하위 장르	RPG, 탐험
방문자수	
즐겨찾기	

당신을 위한 꿀팁

위치 추적
당신은 죽을 때 인벤토리에 있는 모든 아이템을 잃게 됩니다. 가지고 있던 골드 일부와 장착하고 있던 장비만 남아 있죠. 당신이 맞닥뜨리는 위협을 상대할 수 있도록 높은 체력을 유지하고, 장비를 정비하세요!

골드 러시
당신이 용감하다고 생각하나요? 그렇다면 Captain Finnegan에게 Town of Right and Wrong으로 데려다 줄 돈을 내기 위해 돈을 최대한 빨리 버세요. 거기서 만나는 괴물은 당신이 평생 보았던 괴물들보다 강력하지만, 그곳에서 나는 식물들은 엄청난 가치를 지니고 있답니다.

패기 시험
세계에는, 아직 준비되지 않은 자들을 사냥하기 위해 플레이어들이 모여드는 곳이 몇 군데 있습니다. Frigid Waste 같은 곳 말이죠. 이러한 PvP가 가능한 지역은 위험을 감수하고 들어가세요… 아니면 이것을 기회로 삼아 다른 플레이어와 죽음의 싸움에 도전해 보세요!

에너지 고갈
뛰고, 검을 휘두르는 데는 체력을 소비합니다. 체력이 다 떨어진다면, 재충전될 때까지 싸움을 계속할 수 없습니다. 이는 싸움 중에 당신이 죽느냐 사느냐를 결정합니다.

SPECTRABOX

Spectrabox는 자신의 형과 함께 작업하여 10개월만에 Fantastic Frontier를 출시했습니다. 그들은 이전에 간단한 게임들만을 만들었습니다. 만약 그것들이 완성작으로 여겨진다면 말이죠. 하지만 Fantastic Frontier는 크고 섬세한 세계의 게임입니다. 체계를 마련하는 것의 중요성과 엔진 업데이트가 재미있는 이유에 대해 Spectrabox와 이야기해 봤습니다.

큰 세계를 만드는 것에 대하여
"저는 Fantastic Frontier에서 우리가 만든 세계를 좋아하며, 그곳에 생명이 가득 차 있음을 느낍니다." Spectrabox는 말합니다. "맵은 꽤 크며, 이러한 맵의 크기 때문에 내용의 밀도와 섬세함이 살아있는 것처럼 느껴진다고 생각합니다. 세계를 탐험하는 건 재미있죠. 언제나 예상치 못한 것으로 채워져 있잖아요."

계획대로 진행하는 것에 대하여
"게임을 만들 때 가장 어려웠던 것은 모든 것을 체계화하는 것이었습니다. 큰 게임에서는, 움직이는 많은 부분들이 서로 상호작용해야 하죠." Spectrabox의 해결책은 계획을 많이 세우는 것입니다. "당신이 계획하지는 않았지만 해야만 하는 일은 항상

존재하죠. 게임이 체계화되어 있지 않다면, 단순한 하나의 기능을 추가하는 것도 끔찍한 일이 될 수 있습니다."

Roblox의 발전에 대하여
Spectrabox는 Roblox 엔진이 업데이트될 때마다 커뮤니티의 반응을 보는 것을 좋아합니다. "새로운 기능이 출시될 때마다 새롭고 독특한 방식으로 이 기능을 게임에 넣고, 게임이 발전해 나가는 걸 지켜보는 것은 무척 즐겁습니다. 몇 년 전까지만 해도 만들 수 없었던 게임들이 현재 Roblox에는 굉장히 많죠."

ROBLOX TITANIC

1912년 4월 15일에 일어났던 사건을 경험해 보세요.
RMS Titanic이 첫 항해에서 빙하에 부딪혀 침몰한 사건 말이죠.
최대 40명의 플레이어와 함께, 침몰할 수밖에 없었던 배를 다시 살려 역사의 흐름을 바꾸거나
운명적인 그날 밤을 롤플레잉해 보세요.

당신은 로비에서 배를 탑니다. 각각의 문은 배의 다른 부분으로 연결되며, 배가 침몰하면서 그곳들은 서서히 잠기기 시작할 겁니다.

배의 가장 낮은 갑판에 물이 차오르고 배가 한 쪽으로 기울기 시작하면, 배의 냉혹한 죽음을 따르세요. 결국에는 배 전체가 부서지고 말 겁니다!

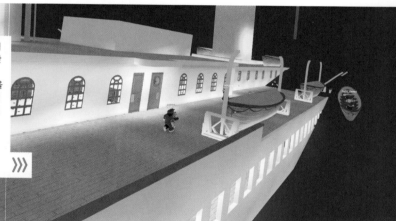

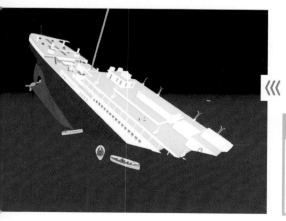

당신은 물에 가까워질 때마다 Risk를 얻게 됩니다. Risk는, 게임을 흑백 화면으로 만드는 비주얼 이펙트인 Hax나, 특별한 장비 아이템을 사는 데 사용할 수 있습니다.

게임정보

스튜디오	Virtual Valley Games
하위 장르	생존, 탐험
방문자수	
즐겨찾기	

당신을 위한 꿀팁

갑판 검사관

타이타닉 게임은 현실의 타이타닉을 기반으로 만들어졌기 때문에, 기관실과 조타실뿐만 아니라 1등석과 유명한 그랜드 계단까지 구경할 거리가 굉장히 많습니다. 물이 들어차기 전에 구경하세요!

상황극

머리 위에 이름과 직업을 표시하고, 친구들과 함께 침몰 상황을 연기해 보세요. 당신은 실제로 일어난 역사적인 침몰을 경험할 것인지, 유명한 영화를 배경으로 한 침몰을 경험할 것인지 투표할 수도 있습니다.

탈출구로의 질주

만약 당신이 수면과 가까운 낮은 갑판 쪽에 있다면, 안전한 곳으로 올라가는 길이 막혀있단 걸 곧 알게 될 겁니다. 만약 갑판 위에 있다면, 배가 침몰하는 동안 떨어지지 않게 조심하세요. 우리는 분명히 경고했습니다!

항해

배에는 몇 대의 구명 보트가 있습니다. 구명 보트는 돈을 낸 승무원들만 탈 수 있죠. 하지만 보트가 바다에 풀리면, 당신은 보트가 있는 곳까지 헤엄쳐 가서 보트를 타고 살아남을 수 있습니다. 그렇지만 너무 오랫동안 물에 있지는 마세요.

THEAMAZEMAN

TheAmazeman은 2008년 9월부터 커뮤니티의 회원으로서, 가장 인기 있는 장르의 게임이 처음 만들어지던 Roblox 초창기 시절을 즐겼었죠. 그가 무슨 이유로 이 플랫폼에 계속 있는지, 선장이 자기의 배와 함께 침몰하는 것은 무엇을 의미하는지에 대해 그에게 물어봤습니다.

배를 만드는 것에 대하여

"배를 침몰시키기 위해 고안해 낸 방법은 Roblox Titanic에 있어서 내가 가장 자랑스럽게 생각하는 부분입니다. 물론 이를 함께 해낸 우리 팀도요!"

게임 개발의 장애물에 대하여

게임 개발의 장애물은 종종 당신의 머릿속에 있습니다. "게임 개발에서 가장 어려운 일은, 재능과 경험이 부족하여 해결할 수 없다고 생각한 과거의 정신적인 장애물을 넘어서는 것입니다. 이를 통해 당신은 좋은 것을 배울 수 있지만, 장애물을 넘어서는 데 때로는 며칠 또는 몇 주가 걸릴 수도 있습니다. 아니면 이 장애물을 완전히 포기하고 새로운 프로젝트를 시작하는 경우도 종종 있습니다."

배와 함께 침몰하는 것에 대하여

Roblox Titanic에서 Captain Game Pass에 대해 몰랐던 사실을 알려드리죠: "물이 들어차기 시작할 때 선장의 방에 들어가면 당신은 9,001의 체력을 얻기 때문에, 거의 마지막까지 생존할 수 있습니다. 조타실에 물이 차오를 때부터 배가 두 조각나는 거의 마지막 순간까지요! 사람들은 이를 '선장이 배와 함께 침몰한다'고 말하며, 플레이어는 이 엄청난 체력으로 정확한 역할을 수행할 수 있죠."

MAD PAINTBALL 2

두 팀은 이 치열한 페인트볼 슈터에서 대결을 펼칩니다.
당신은 섬세하게 만들어진 Tranqulity 2 맵에서 King of the Hill, Capture the Flag, Domination이라는
3개의 게임 모드를 플레이하게 됩니다. 4개의 강력한 무기를 사용해 상대에 맞서 싸우며
최고의 Roblox 1인칭 시점의 페인트볼 게임을 즐기세요!

《《《 게임에 들어오면 플레이어 설정 화면이 나올 겁니다. 전투에 가져갈 무기를 선택하고 "DEPLOY"를 누르세요. 이번 라운드에 플레이할 게임 모드를 기억하고 전투에 임하세요.

King of the Hill에선, 영역을 점령하고 지키세요. Capture the Flag에선, 상대편의 깃발을 자신의 기지로 가져오세요. Domination에선, 세 개의 구역을 점령하고 지키세요.

》》》

《《《 다른 플레이어를 쓰러트리고 게임에서 이겨 레벨업을 하면, 당신은 보상으로 루비를 받을 겁니다. 루비는 상점에서 무기, 스킨, 옷 상자를 구매하거나, 추가 인벤토리 슬롯을 구매할 때 쓸 수 있습니다.

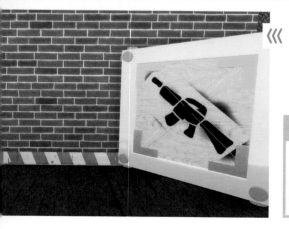

게임정보

스튜디오	MAD STUDIO
하위 장르	FPS, PvP
방문자수	
즐겨찾기	

당신을 위한 꿀팁

적재적소

스나이퍼는 장거리에 적합하며, 라이플은 매우 정확합니다. 헤비의 확장 탄창은 적들이 모여 있는 곳을 습격하기 좋으며, 강력한 샷건은 단거리에서 사용하기 좋습니다. 상황에 맞는 총을 골라 사용하세요.

새로운 작전

당신의 전술이 상대에게 통하지 않고 계속 지기만 한다면, 전략을 바꾸세요! 다른 길로 가거나, 다른 표적을 공격하거나, 아니면 다른 무기를 쓰세요. 그리고 적을 계속 알아내세요. 그러면 더 좋은 운이 따를 겁니다.

분대 목표

당신은 팀플레이를 하고 있으며 팀의 목표가 있다는 걸 잊지 마세요. 자신만의 영광을 위해서 혼자서 적을 상대하지 마세요. 깃발을 가진 사람을 도와 포인트를 획득하여 모든 사람들이 보상받을 수 있도록 해야 합니다.

정확한 발사

스나이퍼의 조준경을 항상 아래로 조준하세요. 그리고 충전될 때까지 쏘지 말고 기다리세요. 삐 소리를 들은 후 총을 쏘면 상대에게 가장 큰 데미지를 입힐 수 있습니다. 하지만 충전이 다 되지 않은 상태의 헤드샷으로도 적을 죽일 수 있어요.

LOLERIS

loleris는 Mad Paintball 2 외에도 수많은 게임을 만들어 낸 개발 그룹인 Mad Studio의 수석 개발자입니다. 그는 게임을 만들 뿐만 아니라 팀도 관리하죠! 새로운 게임을 만드는 지혜로운 방법과, 그가 어떻게 Roblox를 새로운 친구를 사귈 수 있는 장소로 생각하게 되었는지 아래에서 읽어 보세요.

시작에 대하여

loleris는 초기에 개발을 할 때 첫 번째 단계로 게임 플레이 방식을 만들었지만, 지금은 이 과정을 가장 마지막에 수행합니다. "이제 제가 맨 처음으로 하는 일은 종이에 게임 컨셉을 쓰는 것이며, 그 후 데이터와 메뉴, 인터페이스를 관리하죠. 그리고 게임 플레이는 맨 마지막까지 남겨 둡니다."

새로운 것을 만드는 것에 대하여

"가장 어려운 일은 만들어 보지 않았던 것을 만드는 겁니다. 성공하고 싶은 개발자는 매일 이 일을 하죠."

일을 분배하는 것에 대하여

"많은 사람들이 제가 게임을 개발할 때 다른 사람에게만 일을

시키고 저는 일을 하지 않는다고 생각해요."라고 그는 말합니다. 다른 사람들이 맵과 그래픽을 만들긴 하지만 그도 늘 바쁩니다. "저는 맵의 기반을 만들 뿐만 아니라 모든 스크립팅을 하죠."

새로운 친구를 찾는 것에 대하여

"저는 더 많은 친구들을 사귀기 위해 게임을 만들기 시작했어요. 플레이어가 흥미를 가질만한 게임을 만들면서 더 많은 사람들이 제 게임을 했고, 제가 만든 것을 좋아하는 사람들이 생기기 시작했죠!"

WORLD EXPEDITION

의자에 가만히 앉은 채로 전 세계를 여행하세요! World Expedition에서 당신은 8개의 가장 유명한 관광지 중에서 하나를 골라 관광할 수 있습니다.
Tokyo Tower, Taj Mahal 같은 곳의 분위기를 만끽하고
그 곳의 비밀을 알아낼 수 있는 기회죠.

Roblox 국제 공항 안에서 출발 안내 전광판을 찾으세요. 전광판을 보고 당신이 가고 싶은 곳을 고르고, 목적지의 출국 게이트를 확인하세요. 직원에게서 탑승권을 받은 후 정확한 게이트를 찾아 수속을 밟고 비행기에 탑승하세요.

목적지에 도착하면 당신은 이곳저곳 자유롭게 돌아다니며 구경할 수 있습니다. 모든 것을 보고, 모든 빌딩에 들어가 보세요. 그리고 이 흥미진진한 지역의 구석구석을 탐험하세요.

당신이 이 지역에 방문했던 걸 기억할 수 있도록 티셔츠 같은 기념품을 구매해 보세요. 그리고 여행지에 대한 설명과 자세한 정보는 화면의 왼쪽 밑에 있는 버튼을 사용하여 읽을 수 있어요.

게임정보

개발자	legoseed
하위 장르	탐험, 쇼케이스
방문자수	
즐겨찾기	

당신을 위한 꿀팁

에그 헌트
당신이 방문하는 지역 곳곳에 많은 에그가 숨겨져 있습니다. 그들을 터치해 수집하세요. 그에 대한 보상으로 에그 한 개당 하나의 뱃지를 받을 겁니다. 모든 에그를 다 찾을 수 있겠나요?

다음 목적지
리장 시에서는 쇼핑 거리의 끝에 서 있는 사람과 대화할 수 있습니다. 그는 당신이 Great Wall of China까지 의자를 타고 갈 수 있게 해 주며, Tokyo Tower의 정상에 올라갈 수 있는 엘리베이터를 탈 수 있게 해 줍니다. 그 곳에서 당신은 경치를 감상할 수 있어요.

길거리 대화
길거리 상인들과 대화하며 그들의 음식을 맛 보세요. 당신은 저녁에 딤섬을 먹고 음료를 마실 수도 있습니다. 음식을 먹는 데에는 별도의 Robux나 다른 토큰은 필요하지 않으니 걱정 말고 음식에 미쳐 보세요!

빠른 정류장
떠나고 싶을 때, 당신은 캐릭터를 리셋하여 다시 먼 길을 걸어가지 않아도 됩니다. 목적지의 입구에 리스폰하여, Roblox 국제 공항으로 다시 비행기를 타고 갈 수 있습니다.

LEGOSEED

legoseed는 10살이란 나이에 처음으로 Roblox를 알게 되었으며, 그의 말을 빌리자면 "그 때부터 계속 모든 걸 느긋하게 즐겨 왔습니다." 아래에서 그는 에그에 대한 특별한 관심, 게임에서 여행하는 것의 가치, 그리고 그의 World Expedition을 위한 세계정복의 야망에 관해 이야기합니다!

에그 헌팅에 대하여
왜 World Expedition에서 에그를 찾을 수 있는지 궁금했나요? 흠, 그걸 알기 위해선 legoseed의 가장 좋았던 Roblox에서의 기억으로 거슬러 올라가야 하죠. 바로 2010년의 에그 드랍으로요. "그 당시 저는 12살이었어요. 오전 5시에 일어나 에그를 헌팅하러 다녔죠." 그는 기억합니다. "그것은 꿈같았으며 평화로웠어요."

시야를 넓히는 것에 대하여
legoseed는 플레이어가 World Expedition을 통해 잘 모르는 장소를 알 수 있는 것을 자랑스럽게 생각합니다. "내가 사는 곳에서는 학교에서 지리학을 가르치지 않죠. 다른 문화를 이해하고 그 문화와 함께 살아가는 것은 중요합니다."

실망에 대하여
항상 모든 사람을 만족시키기란 어렵습니다. "개발에서 가장 힘든 부분은 당신의 게임에 실망한 플레이어를 지켜보는 것입니다." 그는 말하죠. "나는 모든 사람들을 만족시키기 위하여 매우 노력하지만, 그들이 만족하지 않을 때는 힘이 빠지곤 해요."

세계를 만드는 데에 대하여
legoseed의 World Expedition 작업은 이제 시작입니다. 지금까지 195개국 중에서 8개국만 완성했죠. 네, 그는 다른 모든 곳을 만드는 것을 목표로 하고 있습니다. "다음 단계는 나머지 국가를 만드는 것입니다. 현재 저는 모로코, 아이슬란드, 그리고 자메이카를 만들고 있죠."

THE NORMAL ELEVATOR

이것은 그냥 평범한 엘리베이터예요, 맞죠? 아니요, 그렇지 않습니다!
The Normal Elevator에서, 당신은 당신의 삶에서 가장 이상한 것을 타게 될 것입니다.
문이 열릴 때 그 안에 무엇이 있을지 예상하지 못 할 거예요. 파쿠르 챌린지나 닭 먹기 대회뿐만 아니라,
춤추는 고양이나 공룡까지 말이죠. 어디까지 갈 수 있을 것 같나요?

게임을 시작하려면, 로비를 지나 문이 열려 있는
엘리베이터를 타세요. 다른 플레이어와 함께 엘리
베이터를 타고 나면 문이 닫힙니다. 이제 층들을
돌아다닐 준비는 끝났습니다.

수많은 층들은 안전한 미니게임과 풍경들로 구성
되어 있습니다. 하지만 조심하지 않으면 죽어버릴
수도 있어요. 만약 죽는다면 로비로 다시 돌아가
게 될 겁니다.

각층에 멈출 때마다
보상으로 토큰을 받
게 됩니다. 상점 메뉴
에서 음식을 사기 위
한 10 토큰을 저축하
세요. 각각의 음식은
당신의 몸에 각각 다
른 이상한 효과를 줄
거예요!

게임정보

개발자	NowDoTheHarlemShake
하위 장르	미니 게임, 유머
방문자수	
즐겨찾기	

당신을 위한 꿀팁

생존 여행
종종 당신은 엘리베이터 문 사이에 껴서 죽을 수도 있습니다. 그러니 엘리베이터 입구에서 떨어져 벽 쪽으로 붙으세요. 하지만 항상 이런 일이 생기는 건 아닙니다: 다음에 일어날 일에 대한 힌트를 들어 보세요.

마지막 층
로비의 리더보드를 통해 그동안 당신이 얼마나 많은 층에 섰는지 확인해 보세요! 중간에 죽어도 걱정하지 마세요. 도달한 층수는 총 합산으로 계산되니까요.

메달 메이커
몇몇 뱃지는 닭 먹기 대회 같은 활동에 참가해야 얻을 수 있습니다. 하지만 모든 사람이 대회에 참가할 기회를 받는 건 아닙니다. Chosen One Pass를 구매하여 이러한 기회에 당첨될 확률을 높이세요.

즐기세요
이 게임 안에는 파쿠르 달리기와 같은 큰 챌린지들이 몇 개 있습니다. 엘리베이터가 떠나기 전에 챌린지를 끝내야 하죠. 하지만 이기는 것은 중요치 않습니다. 물론 죽음도 중요치 않죠! 가장 중요한 것은 그저 재미있게 즐기는 겁니다.

NOWDOTHEHARLEMSHAKE

NowDoTheHarlemShake가 Roblox에서 스크립팅을 이해하기까지는 5년의 시간이 걸렸습니다. 그 후 Roblox에서 인기 있는 게임 중 하나를 만들어 냈죠. 그가 어떻게 The Normal Elevator 개발을 끝내기도 전에 우연히 이 게임을 출시하게 됐는지, 그리고 플레이하는 동안 어떻게 최고의 경험을 즐길 수 있는지에 대해 이야기합니다.

플레이하기 가장 좋은 방법에 대하여
엘리베이터를 타는 건 그리 어려운 일이 아니죠. 하지만 NowDoTheHarlemShake는 이를 더 재미있게 만드는 팁을 가지고 있습니다. "당신은 매우 조용한 사람과 함께 어색한 엘리베이터에 갇혀 본 적이 있습니까? 그러다 누군가 방귀를 뀌어 더 어색해진 적이 있습니까? 아마 그럴 일은 없을 겁니다. 하지만 다른 플레이어와 얘기하며 엘리베이터를 더 즐겁게 탈 수는 있습니다. 그들에게 당신의 생각을 마음껏 얘기하고 새로운 친구를 만들어 보세요!"

게임을 출시하지 않는 방법에 대하여
NowDoTheHarlemShake는 The Normal Elevator가 처음 출시되었을 때, 처음부터 게임을 출시하고자 의도했던 건 아니었습니다. 개발을 도운 그의 친구 Dapale에게 게임을 보여 준 후.

게임을 그대로 둔 채 둘은 다른 게임을 하러 가 버렸죠. "플레이스를 닫아야 한다는 걸 몇 시간 동안 깜빡했어요. 그리고 다시 돌아왔을 땐 이미 몇백 명의 플레이어가 게임을 하고 있었죠."라며 그는 기억합니다. "저는 밤새도록 플레이어 수가 올라가는 것을 지켜보았고, 곧 인기 게임이 되었다는 걸 알았죠. 출시 전에 제가 원하던 모든 것을 추가하지는 못했지만, Dapale의 도움으로 저녁마다 게임플레이를 추가하고 버그를 고쳐 업데이트를 했습니다. 저는 이것이 꽤 잘 되었다고 생각합니다." 이제 알겠죠. Roblox의 가장 유명한 게임 중 하나가 우연히 시작되었다는 걸요.

MINING INC!

Mining INC!에서 함께 일하며 광산을 운영해 보세요. 당신은 값비싼 광석을 추출하기 위해 깊이 파고, 광석을 제련소로 보내고, 제련된 물품을 선박에 실을 겁니다.
빠르게 일하기 위해서는 새로운 차량을 사세요. 하지만 최고의 광부는 팀으로 일하는 사람들이라는 것을 기억하는게 좋습니다!

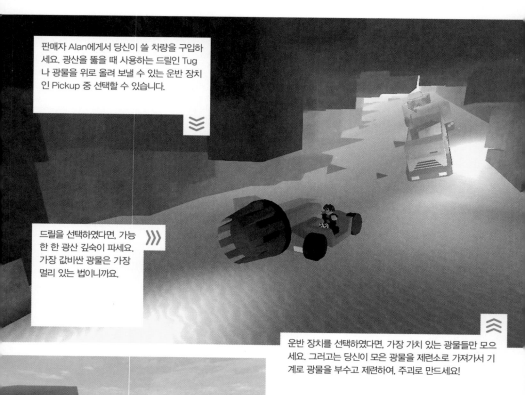

판매자 Alan에게서 당신이 쓸 차량을 구입하세요. 광산을 뚫을 때 사용하는 드릴인 Tug 나 광물을 위로 올려 보낼 수 있는 운반 장치인 Pickup 중 선택할 수 있습니다.

드릴을 선택하였다면, 가능한 한 광산 깊숙이 파세요. 가장 값비싼 광물은 가장 멀리 있는 법이니까요.

운반 장치를 선택하였다면, 가장 가치 있는 광물들만 모으세요. 그러고는 당신이 모은 광물을 제련소로 가져가서 기계로 광물을 부수고 제련하여, 주괴로 만드세요!

선박이 가득 차면 게임은 끝납니다!
배송으로 얼마나 많은 돈을 벌었습니까?
얼마나 빨리 완료했나요?

게임정보

개발자	Widgeon
하위 장르	타이쿤, 이동수단
방문자수	
즐겨찾기	

당신을 위한 꿀팁

팀워크
가장 좋은 광산은 유대가 강한 팀이 운영합니다. 광석을 채굴하는 사람, 광물을 제련소로 운반하는 사람, 완성된 화물을 선박에 싣는 지게차 운전사에게 업무를 분담하세요.

값비싼 화물
가장 값비싼 광물을 제련하면, 각 화물로 벌 수 있는 돈을 최대로 높일 수 있습니다. W&U Trucks 외의 가격 리스트를 참고하세요. 가장 값비싼 광물은 광산의 더 깊숙한 곳에서 찾을 수 있습니다.

광물 차트
지도를 사용하여 당신의 팀원들이 어디에 있는지 찾고, 광산에서 옮길 광물이 어디에 있는지 찾아보세요. 지도는 팀의 활동을 조직화하는 데 아주 좋은 자료입니다.

트럭 업그레이드
돈을 벌면, 더 많은 광물과 돌을 채굴하고 운반할 수 있는, 더 새롭고 좋은 트럭을 사는 데 돈을 투자하세요. 그러고 나서 트럭을 업그레이드하면 더 빠르고 효율적인 트럭을 만들 수 있답니다.

WIDGEON

2008년 Miked's Paintball을 하면서 뭐에 홀린 듯 Roblox에 중독된 Widgeon은, Roblox Studio로 자신만을 위한 여러 가지 것들을 만들기 시작했습니다. 무엇이 그를 게이머에서 제작자로 만들었는지, 이 플랫폼의 장점은 무엇인지, 그리고 그가 만들고자 하는 게임이 무엇인지에 대해 그와 함께 이야기를 나눠 봤습니다.

어디서 시작했는지에 대하여
그는 첫 번째 게임에서, 무료로 사용 가능한 비행기 모델을 아무것도 없는 세상으로 가져와, 20명의 사람들이 비행기를 움직이는 운송 회사 롤플레잉을 만들었습니다. "그 게임은 '우와, 사람들이 내가 만든 것을 좋아하는구나!'라고 생각하며 계속 개발을 하게 만든 첫 게임이죠."

Roblox를 사용하는 이유에 대하여
Widgeon이 생각하는 Roblox의 가장 큰 매력은 개발자 기능입니다. "서버 호스팅, 플레이어를 위한 큰 커뮤니티, 좋은 개발자 도구, APIs(Application Programming Interface – 응용 프로그램 프로그래밍 인터페이스)와 같은 대부분의 어려운 작업은 Roblox에 모두 준비되어 있습니다. 당신은 'Publish'를 누르기만 하면 Roblox가 지원하는 모든 플랫폼에 업로드할 수 있죠!"

Roblox 커뮤니티에 대하여
Widgeon은 Roblox 커뮤니티에서 꽤 유명하며, 더 많은 사람들이 그와 그의 게임에 다가오기를 바랍니다. "게임을 하든, 플레이어와 직접 얘기를 나누든, 커뮤니티를 통해 제가 그들의 삶에 긍정적인 영향을 줄 수 있다는 점 때문에 커뮤니티를 좋아합니다."

그가 만들고자 하는 게임에 대하여
Widgeon은 zKevin이 만든 Cleaning Simulator를 존경하지만, "나에겐 절대로 그 정도의 창의력이 없을 거야"라며 자신을 과소평가합니다. 하지만 그가 만든 것들을 보면 그는 독창성이 남아 돈다는 것을 알 수 있습니다! 그의 독창성은 우리를 다음 게임으로 인도합니다…

CLEANING SIMULATOR

힘들이지 않고 청소의 재미를 느껴보고 싶나요? Cleaning Simulator에선 가능합니다!
거기에 더 많은 재미가 더해져 있죠. 하지만 기억하세요.
당신이 일할 이상한 회사는 당신의 예상과는 다르다는 걸요…
오직 당신만이 이 더러운 미스터리를 풀 수 있습니다!

당신의 임무는 큰 회사의 사무실을 청소하는 것입니다. 당신의 믿음직스러운 대걸레로 물청소를 하고, 더러운 얼룩을 지우세요.

농구장이나 메인 건물과 같은 다른 구역도 살펴보세요. 문에서부터 변기에 이르기까지, 그 안에 무엇이 있는지 보기 위해서 움직이는 건 다 만져 보세요.

각 레벨마다 양동이에서 물 스프레이를 충전하는 곳이 있습니다. 사무실 건물에는 충전소가 많지 않으니, 신중하게 계획을 짜세요.

곳곳에 카세트 테이프가 숨겨져 있습니다. 테이프 플레이어를 가지고 다니면, 일할 때 테이프가 자동으로 재생될 겁니다. 그것들은 엄청나게 우스꽝스럽죠.

게임정보

스튜디오	BRIBBLECO
하위 장르	유머, 청소, 시뮬레이션
방문자수	
즐겨찾기	

당신을 위한 꿀팁

이스터 에그
Cleaning Simulator는 농담과 비밀로 가득 차 있습니다! 게임을 시작할 때 데스크탑을 확인하고, 폴더 몇 개를 열어 보세요. 뒤, 아래, 주변에 있는 모든 것들을 살펴보고, 모든 사람에게 당신이 본 것을 얘기하세요.

도구 관리
당신의 대걸레와 스프레이를 깨끗하게 유지하는 것은 어려운 일이죠. 도구를 가지고 다니지 말고, 던져 보세요. 도구들이 안 보이면, 사무실 밖에 있는 버튼을 눌러 찾으세요.

굴러서 나가세요
기억하세요. 점프를 두 번 누르면 구를 수 있답니다. 기동성이 그다지 좋진 않지만, 길고 평평한 거리를 빠르게 건널 때에는 좋습니다. 경사가 심한 곳에서 굴러 내려가기에도 좋죠.

좋은 스포츠
당신은 이 게임에서 청소 외에도 다양한 것들을 할 수 있습니다. 친구와 함께 사무실의 위층에서 하키를 할 수도 있고, 당신의 아바타를 이용해 핀을 넘어뜨리는 볼링을 칠 수도 있습니다.

ZKEVIN

zKevin은 Cleaning Simulator를 개발했으며, 그는 게임에 대한 플레이어의 반응을 보며 가장 많은 영감을 얻습니다. 그는 게임을 만드는 데에 서투른 것이 창의력에 왜 아무런 해가 되지 않는지, 그리고 해피 엔딩으로 게임을 끝내는 것이 왜 중요한지에 관해 이야기합니다.

게임 만들기에 서투른 것에 대하여
zKevin은 게임을 만들기 시작했을 때, Roblox에서 무료로 사용 가능한 모델을 갖고 놀며 스크립팅 실력을 서서히 쌓아왔습니다. 하지만, 무엇이 그를 게임 개발에 끌어들였는지에 대해 물어보면, 그도 잘 모르죠. "저는 만드는 것에 있어서는 늘 서투른어요. 항상 '이걸 내가 어떻게 해야 하지?'하는 상황이 도미노처럼 찾아오고, 반복해서 해결하면서, 게임을 만들 수 있을 정도의 실력을 쌓은 것 같아요."

Roblox에만 몰두하는 것에 대하여
"다른 시스템으로 갈아탈까도 생각해 봤지만, 항상 하던 것으로 되돌아왔죠." Roblox에서 깨달은 것에 대해 그는 말합니다. "Roblox에서 제가 만든 게임을 하는 플레이어 수는 다른 플랫폼에서는 상상도 할 수 없을 정도입니다."

해피 엔딩의 매력에 대하여
"Cleaning Simulator의 엔딩은 저에게 많은 즐거움을 가져다 줘요." Roblox의 멀티플레이어 환경은 보통 끝이 없는 게임이나, 다른 사람들과 함께 계속해서 모험을 떠나는 게임으로 이루어져 있습니다. zKevin은 이와는 다른 방향으로 Cleaning Simulator를 개발했습니다. 그는 그의 추억에서 이러한 영감을 가져왔죠. "제대로 된 엔딩을 가진 Roblox의 게임을 만들었다는 사실이 정말 뿌듯합니다. 제가 어렸을 때 했던 게임처럼 말이죠. 마치 게임이라는 케이크 위의 체리 같은 느낌이에요."

LUMBER TYCOON 2

Lumber Tycoon 2에서, 벌목지에 정착하고 자신만의 건물을 지으세요!
나무를 베어 통나무 모양으로 만들어 팔면, 더 좋은 장비와 도구를 살 수 있습니다.
당신은 다양한 지역을 탐험하고, 자동차를 운전하고, 일을 자동화하는 기계를 만들며,
당신이 꿈꾸던 집을 착실하게 짓게 될 겁니다!

Wood R Us 옆으로 나무를 가져가서 떨구고, 돈을 버세요! 그러고는 Land Store에서 $100를 투자해 땅을 사세요.

Wood R Us에서 기본 손도끼를 구입한 후 근처에 있는 참나무를 베세요. 쓰러진 나무는 쉽게 옮길 수 있도록 더 작은 조각으로 자를 수 있습니다.

Shabby Sawmill을 구입해 땅에 설치하세요. 그리고 기계에 목재를 넣어 더 값비싼 나무 널빤지를 만들어 내세요.

손도끼를 업그레이드하고, 나무를 운반할 트럭을 한 대 장만하세요. 도구와 제재기는 꾸준히 업그레이드하세요. 그러면 언젠가는 당신의 땅에 호화로운 집을 지을 수 있게 될 것입니다.

게임정보

개발자	Defaultio
하위 장르	타이쿤, 제작
방문자수	
즐겨찾기	

당신을 위한 꿀팁

초반 보너스

게임 초반에 땅을 살 때, 당신의 구매 표지판을 팔면 $400를 얻을 수 있습니다! 공간이 부족하면, Land Store에서 당신의 땅을 넓힐 수 있답니다.

나무 세계

세계를 탐험하세요! 다양한 생물체를 만나 보고, 독특한 나무들을 베어 보세요. 그리고 모든 세부 사항을 꼼꼼하게 조사하세요. 매우 강력한 Rukiryaxe 도구와 같은 많은 비밀을 찾을 수 있습니다.

효율적인 기계

컨베이어 벨트, 버튼, 레버를 사용하여 나무를 트럭으로 자동으로 옮길 수 있는 기계를 만들어 편하게 일을 하세요. 이러한 기계를 만드는 데 필요한 부품들은 열대 생태계에 위치한 Link's Logic Shop에서 구할 수 있습니다.

수완가

다른 플레이어와 나무와 장비를 교환하세요! 채팅으로 협상하고, 메뉴에서 돈을 보낸 후 그들을 화이트리스트에 추가하여 당신과 교류할 수 있도록 하세요. 신뢰할 수 있는 사람인지 꼭 확인하고, 당신의 땅에 오길 원치 않는 사람은 블랙리스트에 넣어 차단할 수 있습니다.

DEFAULTIO

Defaultio는 2007년에 Roblox에 가입한 Roblox 베테랑입니다. 아래에서는 그가 원하지 않았는데도 어떻게 개발자가 되었는지, 성공하는 데 있어서 어떤 어려움이 있었는지, 어떻게 비밀을 간직하는 데 있어서 최고가 될 수 있었는지에 대해 이야기합니다.

우연히 개발자가 된 것에 대하여

Lumber Tycoon 2의 복잡함은 둘째치고, Defaultio는 처음 Roblox를 플레이할 때 게임을 만들 의도가 전혀 없었습니다. "저는 무언가 만드는 게 좋아서 Roblox에 가입했습니다. 얼마 지나지 않아, Lua로 더 흥미로운 것들을 만들 수 있다는 걸 알게 됐죠. 그리고 저는 계속해서 무언가를 만들어 냈습니다. Roblox가 발전하면서, 저 또한 이상한 것을 만드는 아이에서 게임 개발자로 발전했어요."

Roblox의 성공에 대하여

"사람들은 종종 게임을 만드는 데 걸리는 시간을 과소평가합니다." 그는 유명한 개발자는 완벽한 게임을 만들기 위해 수개월의 시간을 보낸다며 설명을 덧붙입니다. "우리가 이 일에 많은 시간을 투자하는 건 이 일을 좋아하고, 이 일이 재미있기 때문이기도 하지만, 해야 할 일이 많기 때문이기도 하죠. Lumber Tycoon 2와 같은 게임을 만들려면 많은 재능과 지식이 필요합니다."

커뮤니티 피드백에 대하여

"저는 커뮤니티에서 아이디어를 수집하고 그들과 함께 일하는 것을 좋아합니다."라고 Defaultio는 말합니다. 하지만 Lumber Tycoon 2의 업데이트에 무엇이 들어있는지 비밀을 지키는 것은 매우 중요합니다. "비밀을 지키기 위해 모두가 긴장해야 합니다. 비밀을 지키지 못하면 어떤 일이 생길지 그들은 모르니까요."

SKYBOUND 2

Skybound 2에서 당신만의 공예품을 만들고, 떠다니는 섬에서 크리스탈을 찾고,
다른 대담한 모험가와 공중전을 벌이며 하늘에서 모험하세요.
Skybound가 성공한 다음 나온 이 후속작은 2014년에 출시됐고,
그 후로 친구들은 하늘 위에서 계속 싸우고 있습니다.

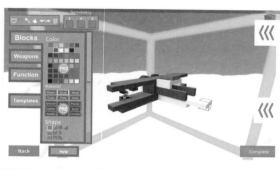

사용자가 맞춤 설정할 수 있는 기능은 사용할 무기
부터 각 블록의 텍스처까지, 선박의 모든 것을 설정
할 수 있습니다.

당신은 "작은" 배부터 "타이타닉 호"까지, 다양한 배
들이 하늘 위에 날아다니는 것을 볼 수 있습니다. 하
지만 기억하세요, 배가 클수록 더 쉽게 떨어진다는
것을요!

Skybound 2의 섬들은
크리스탈이 흩어져 있는
평야로 가득 차 있습니다.
그곳은 죽음의 칼싸움을
하기에 딱 좋은 장소죠.
나무들은 긴장감 높은 총
싸움을 할 때 충분한 은신
처가 되어 줄 겁니다.

C4는 배를 부술 수 있을
뿐 아니라, 근접전에서도
매우 유용합니다. 폭발로
일단 적을 넘어뜨리고 나
면, 공격자가 총이나 칼로
상대를 빠르게 공격할 수
있죠.

게임정보

개발자	Imaginaerum
하위 장르	제작, PvP, 탐험
방문자수	
즐겨찾기	

당신을 위한 꿀팁

시작하기
처음에, 세 가지의 비행선 중 하나를 고르거나, 수십 개의 독특한 블록을 섞어 자신만의 비행선을 만들 수 있습니다. 일단 복엽 비행기나 헬리콥터를 몰아 보면서 조종에 익숙해지도록 하세요.

생명의 은인
가장 가치가 큰 스폰 아이템은 낙엽 청소기입니다. 당신의 배가 파괴되었을 때, 이 아이템은 가장 가까운 공중 섬으로 당신을 안전하게 데려다 줄 겁니다. 연료를 수시로 확인하세요. 그렇지 않으면 검은 연기 사이로 추락하고 말 거예요!

크리스탈 비축
크리스탈을 최대한 많이 모으세요. 그리고 모은 크리스탈로는 다양한 크기의 배를 잠금 해제할 수 있습니다. 배는 더 좋은 무기와, 당신의 배를 더 개성 있게 만드는 추가 블록을 제공합니다.

비밀 무기
만약 당신의 배가 더 커다랗고 무시무시한 배의 공격을 받고 있다면, 낙엽 청소기를 타고 적의 배로 가세요. 배에 도착하면 C4를 설치하고 폭파하세요. 그러고는 다시 낙엽 청소기를 타고 멀리 벗어나세요. 배가 완전히 망가질 때까지 계속 반복합니다.

IMAGINAERUM

Skybound 2는 2009년에 Roblox 커뮤니티에 가입한 Imaginaerum가 2010년부터 개발하기 시작한 게임입니다. 그의 첫 번째 히트작은 Skybound로, 지금은 Skybound Classic으로 알려져 있죠. Skybound는 4백만 명의 플레이 기록을 달성한 게임입니다!

개발자가 되는 것에 대하여
Imaginaerum 같은 매우 성공한 개발자가 처음부터 이 길을 갈 거라고 계획했다고 생각하나요? "아, 정말로 게임 개발자가 되고 싶대'라고 생각하기 전까지는, 개발자가 될 거라고는 전혀 예상하지 못했답니다. 좋은 아이디어가 떠오르기 전까지는 Roblox Studio로 그저 재미있게 놀았어요."

게임 플레이에 대하여
"저는 Roblox를 처음 시작했을 때 서바이벌 게임을 좋아했어요. 그중 가장 기억에 남는 건 배를 만들어서 죽음의 강을 건너는 게임이었지요. 저와 제 친구는 정말로 커다란 배를 열심히 만들어서 끝까지 도달했어요." Skybound 시리즈를 보면 그가 건설 게임과 서바이벌 게임의 영향을 받았다는 걸 알 수 있죠.

개발자 선망에 대하여
건설 게임에 관심이 많았던 Imaginaerum은 곧 다른 Roblox 인기 게임의 팬이 되었습니다. "제가 가장 존경하는 게임은 Lumber Tycoon 2입니다. 물리학 기반의 아이디어가 정말 멋지거든요." 만약 그가 Lumber Tycoon 2의 개발자였다면, 무엇이 달랐을까요? "만약 제가 그 게임을 만들었다면, 기술 시스템과 다른 재료를 이용해 더 서바이벌 기반의 게임을 만들었을 것 같아요."

KICK OFF

두 팀으로 나뉘어 축구 경기를 하세요! Kick Off는 패스, 태클, 그리고 당신만의 슛으로 골을 넣는, 간단하지만 무지무지 재미있는 게임입니다.
세계에서 가장 인기 있는 스포츠로, 누구나 플레이할 수 있어요.
스킬도 중요하지만, 가장 중요한 것은 팀 워크랍니다!

골을 넣어 점수를 낼 때마다 즐기세요! 패스하고, 점수를 내고, 경기에서 이기면 포인트를 얻을 수 있으며, 이 포인트는 새로운 애니메이션과 부스트에 사용할 수 있습니다.

초반에는 한 판마다 약 4분의 시간이 주어집니다. 팀은 공평하게 이루어져 있고, 골키퍼 역할은 컴퓨터가 맡습니다.

공으로 달려가 드리블을 시작하세요. 액션버튼을 누르면 더 빠르게 달릴 수 있지만, 그만큼 체력을 소비합니다.

만약 상대 팀이 공을 가지고 있다면, 슬라이딩으로 태클을 걸 수 있습니다. 이곳에서는 다른 플레이어를 다치게 하는 건 불가능하니 너무 걱정마세요!

게임정보

스튜디오	CM Games
하위 장르	스포츠
방문자수	
즐겨찾기	

당신을 위한 꿀팁

패스 마스터
Kick Off에서는 포지션이 가장 중요합니다. 넓은 경기장을 최대한 활용하세요. 상대 플레이어와 멀리 떨어진 장소를 찾아 두면, 골을 넣을 때 거침없이 달릴 수 있습니다.

태클 규칙
태클을 조심해서 쓰세요! 태클을 사용할 때는 움직임에 제한이 있으므로, 목표물을 잘 겨냥해야 합니다. 태클을 잘못 걸어서 상대팀이 오히려 골을 넣는 상황은 보기 싫잖아요. 그렇죠?

부드러운 스킬
공을 찰 때 버튼을 꾹 눌러서 슈팅력을 높이세요. 트릭샷 게이지가 꽉 차면 멋진 트릭샷을 사용할 수 있습니다. 공을 세게 차서 골대에 넣는 건 멋지잖아요?

부르세요!
팀원에게 패스, 슛, 크로스와 같은 명령을 외칠 수 있습니다. 이를 잘 쓴다면, 팀 전략을 체계화해서 이길 확률을 높일 수 있습니다. 만약 제대로 쓰지 못한다면 그냥 시끄럽게 소리지르는 것에 불과하겠죠.

LETHAL682

Lethal682는 2014년에 친구들과 함께 StickMasterLuke의 Natural Disaster Survival을 하면서 게임에서 많은 친구들을 사귀게 되었습니다. 그리고 이에 힘입어 스스로 게임을 만들기 시작했습니다. 그가 어떻게 개발을 시작했고, 어떻게 쉽게 게임을 만드는지 이야기를 나눠 봤습니다.

프로그래밍 공부에 대하여
Lethal682는 게임을 만들고자 하는 사람이라면 누구나 환영하는 Roblox를 개발 플랫폼으로 선택했습니다. "Roblox에 가입하기 전까지는 프로그래밍은 하나도 몰랐어요. 하지만 알고 나니 쉽더라고요." 그는 말합니다. "코딩을 배우기 위해 아주 작은 것부터 시작했습니다. 위키에는 다양한 레벨의 강좌들이 올라와 있죠. 프로그램을 배우고자 하는 어린 친구들에게 Roblox는 상상을 현실로 만드는 가장 완벽한 플랫폼입니다."

플레이어를 찾는 것에 대하여
Roblox에서 게임을 만드는 것은 쉽습니다. "Roblox는 매우 다양한 커뮤니티입니다. 수만 명의 플레이어 중에서 적어도 한 명은 여러분의 아이디어를 즐길 거에요. 그리고 모든 게임을 제작하는 데 필요한 툴이 모두 무료이니, 한 번 해 볼 만 하지 않나요?"

의심에 대하여
Kick Off는 흥미로운 게임처럼 보이지만, Lethal682는 게임을 만드는 동안 그렇게 생각하지 않았습니다. "Kick Off는 완성하는 데 1년 이상의 기간이 걸렸습니다! 저는 게임이 성공할지 실패할지 그 가능성을 의심했기 때문에 프로젝트를 계속 미뤘었죠. 프로젝트를 출시한 후, 플레이어의 긍정적인 반응에 정말 놀랐어요."

DESIGN IT!

Design It!에서 모델 워킹을 선보이세요! Design It!은 플레이어가 테마에 맞는 의상을 입고,
가장 테마에 어울리는 Robloxian에게 투표를 해서 이기는 게임입니다.
하지만, 준비하는 데에는 단 몇 분의 시간과 약간의 예산만이 주어집니다.
현명하고 스타일리시하게 옷을 고르고 당신만의 창의력으로 다른 참가자에게 깊은 인상을 주세요!

모든 라운드에는 테마가 있습니다.
분홍색 같은 컬러가 될 수도 있고, '웨
스턴'이나 '스포츠' 같은 주제가 될 수
도 있습니다. 여러분은 5분 동안 얼굴,
의상, 액세서리로 완벽하게 꾸며야 합
니다.

디자인이 끝나면, 패션
쇼가 시작됩니다. 참가자
의 닉네임은 볼 수 없으
니, 가장 마음에 드는 의
상에 투표하세요!

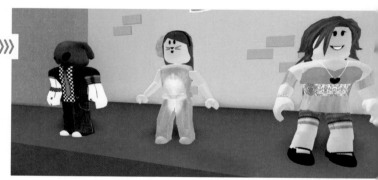

라운드가 끝나면 의상에 대한 시상식이 열립니다. 시상이
이 끝나면, 당신은 상금을 받을 거예요. 그 상금으로 더 화
려한 옷을 구매할 수 있죠.

게임정보

개발자	tktech
하위 장르	도시 계획, 패션, PvP
방문자수	
즐겨찾기	

당신을 위한 꿀팁

미리 맛보기
디자인을 빨리 끝낸 후, 로비로 가서 당신의 라이벌이 테마를 어떻게 의상에 풀어냈는지 미리 확인하세요. 그러고 나서 다시 코디룸으로 돌아가서 새로운 영감을 사용해 디자인을 고쳐 보세요..

대공개
만약 당신이 엄청난 의상을 만들어 냈다면, 디자인이 끝나는 마지막 순간까지 기다리세요. 라이벌이 당신의 작품을 보고 똑같이 따라 할 수도 있으니까요.

단어 검색
테마를 검색해 보는 건 아주 좋은 비밀 무기죠! 테마와 관련된 단어를 검색해 보고, 좋은 것들을 골라 참고하세요. 다 끝나고 나면 당신의 캐릭터는 정말 멋져 보일 겁니다.

모델 워킹
무대 위에서 관중의 눈길을 끌기 위해서 감정 표현을 사용해야 한다는 것을 잊지 마세요. 눈에 띄기 위해서는 놀랍거나, 웃겨야 하며, 아니면 테마를 재치있게 해석해야 합니다.

TKTECH

tktech는 친구들과 함께 놀 수 있는 장소를 찾기 위해, 2010년에 처음으로 Roblox에 가입했습니다. 그 후로 Roblox에서 계속 게임을 만들었죠. 그가 어떻게 에그 헌트에서 영감을 얻었는지 알고 싶다면 계속 읽어 보세요. Design It!의 출시는 그저 여정의 시작에 불과합니다!

새로운 기술을 배우는 것에 대하여
"개발자로서 저의 개발 실력은 기하급수적으로 성장했지만, 전 여전히 더 크고 좋은 게임을 만들기 위해 매일 저 자신에게 도전할 방법을 찾고 있습니다." 그리고 이것은 Roblox 세계에서만 유용한 것은 아니죠. "당신이 어디에서 시작하든간에 현실 세계에서도 이 방법을 적용해 볼 수 있을 거예요."

에그 헌트에 대하여
"Roblox 게임을 하는 데 있어서 가장 좋았던 기억은 Roblox 홀리데이 이벤트에 참여한 것입니다." 그는 2010년에 두 번째 에그 헌트가 시작하기 바로 전에 Roblox에 가입했습니다. 그의 호기심이 그를 Roblox로 이끌었죠. "Roblox를 시작하게 돼서 정말 즐거웠어요. 저는 어디에서든 에그를 모을 수 있다는 사실이 정말 좋았어요. 그리고 그렇게 게임을 하기 위해 Roblox에 가입한 저는 Roblox Studio를 시작하게 되었죠. 저는 사람들

이 에그를 모으고 싶어 하는 그런 게임을 만들고 싶었어요."

빨리 출시하는 것에 대하여
믿거나 말거나, Design It!이 출시되기까지는 7일밖에 걸리지 않았다고 합니다! 뭐, 어쨌든 tktech의 프로젝트의 시작일 뿐이었으니까요. "beta 출시 후 단 몇 시간 만에 메인 페이지에서 1등을 차지했어요. 그 이후로, 첫 출시 때보다 더 좋은 게임을 만들기 위해 정말 많은 노력을 기울이고 있습니다."

CLONE TYCOON 2

자신을 복제해서 클론을 만드세요. 그리고 군대를 만들어 모든 도전자를 물리치세요!
돈을 벌면 다양한 능력을 업그레이드하고, 무시무시한 무기를 구입하고,
최고의 복장을 입힐 수 있습니다. 하지만 당신의 클론이 강해질수록
상대의 클론도 마찬가지로 강해진다는 걸 기억하세요.

여러분의 기지에 있는 기계는 도플갱어,
즉 클론을 만들어 냅니다. 클론은 다른 플
레이어의 클론과 싸워 그들을 없앰으로써
돈을 벌 수 있습니다.

기지를 충분히 업그레이드하고 나면,
클론 기계도 업그레이드할 수 있습니다.
이 기계는 당신이 만들어 내는 모든
클론에게 특별한 이펙트를 주죠. 또한,
클론의 내구성과 스피드도 높일 수
있습니다.

당신은 수십 개의 다양한 옵션으로 기지를 업그레이드할
수 있습니다. 옵션에는 연구소, 애완동물 하우스,
무기 보관소뿐만 아니라 당신이 이루어 낸 모든
과학 연구를 보관할 수 있는 많은 방도 있습니다.

게임정보

개발자	Ultraw
하위 장르	공상 과학, 타이쿤, 전투
방문자수	
즐겨찾기	

당신을 위한 꿀팁

클론 호송
당신은 마침내 클론을 옮길 수 있는 차량을 잠금 해제하게 될 것입니다. 상대 기지를 공격할 수 있는 특정 장소에 클론을 배치하면, 더 수월하게 싸워 킬 수를 최대로 높일 수 있습니다.

과학
연구소를 세우면 더 많은 돈을 벌 수 있습니다. 연구소를 업그레이드하면, 클론이 상대를 죽일 때마다 더 많은 돈을 벌 수 있으며, 애완동물을 사는 데 쓰이는 보석을 벌 수도 있습니다!

도플갱어
일련의 치명적인 무기들을 해제하고 기지를 업그레이드하여 당신도 전투에 참여하세요. 클론과 싸우려면 옵션의 Battle Mode를 켜야 합니다.

코스튬 파티
클론의 상태와 특수 능력을 업그레이드했다면, morph를 이용해 클론을 커스터마이징해 보세요. 이제 당신의 클론이 펭귄의 모습으로 싸울 수 있겠네요!

ULTRAW

Ultraw는 2010년에 Roblox에 들어왔습니다. 클론과 싸우는 다른 유망한 게임에 실망한 그는, 그로부터 Clone Tycoon을 만들고자 하는 영감을 받았습니다. Ultraw는 자신이 느꼈던 실망감을 다른 사람들이 느끼지 못하도록, 자신만의 컨셉을 가진 게임을 만들기 시작하였죠.

개발자가 되는 것에 대하여
Ultraw는 Roblox가 게임 개발을 해 보고 싶은 사람들이 개발을 시작하기에 딱 좋은 플랫폼이라고 합니다. 왜냐하면 그의 첫 게임 개발 장소도 Roblox거든요! "지난 4년 동안, 저는 초보 스크립터에서 훌륭한 스크립터로 발전하였습니다. Roblox가 지니고 있는 툴과 튜토리얼을 사용해서 게임을 더 쉽게 만들 수 있었어요."

새로운 아이디어를 얻는 것에 대하여
Roblox 커뮤니티는 게임을 위한 많은 아이디어 소스를 가지고 있습니다. 그리고 Ultraw는 커뮤니티의 피드백이 그에게 많은 영감을 준다고 말하죠. "엄청난 게임을 만들 수 있도록, 많은 사람들이 피드백이나 멋진 아이디어들을 알려주었어요." 하지만 그런 제안 중 일부는 약간 이상할 때도 있기 때문에, 그는 제안에 너무 의지하지 말라고 경고합니다. "당신은 개발자로서 자신의 게임에 대한 통찰력을 가져야 합니다. 커뮤니티는 당신의 게임이 좋은 방향으로 발전하도록 도와줄 순 있지만, 완전히 마무리지어 주지는 못하거든요."

Roblox에서의 최고의 기억에 대하여
Ultraw에게 가장 기억에 남았던 순간은 그의 친구들과 함께 계속해서 뱃지 사냥 게임을 하는 것이었습니다. "제가 가장 좋아했던 게임은 Find the Domos였습니다. 지금 와서 돌아보면 정말 단순한 게임이지만, 모든 비밀들을 찾아내야만 한다는 점이 매우 흥미로웠답니다!"

ASSASSIN!

당신은 빠르게 진행되는 데스매치에서 7명의 플레이어 중 당신의 타깃을 죽여야 합니다.
하지만, 그 플레이어들 중 한 명은 반드시 여러분을 죽이려는 암살자이기도 하죠.
이 고양이와 쥐 같은 게임에서는 단검을 들고 당신의 기지를 발휘해 싸워야 합니다.
마지막까지 살아 남는 플레이어는 누가 될까요?

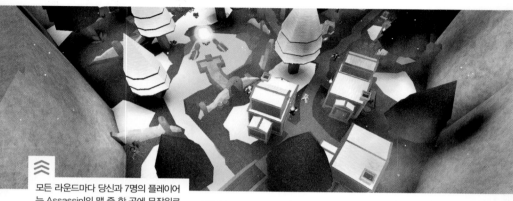

모든 라운드마다 당신과 7명의 플레이어
는 Assassin!의 맵 중 한 곳에 무작위로
스폰합니다. 당신의 타깃은 스크린의 맨
위에 표시되니 미리 확인하세요.

당신은 당신의 타깃이나, 당신을 타깃으
로 하는 플레이어만 죽일 수 있습니다.
만약 다른 플레이어를 죽였다면 몇 초
동안 단검을 쓰지 못할 겁니다!

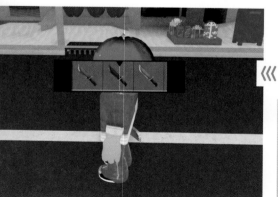

당신의 타깃과 싸워 이김으로써 돈을 획득할 수 있습니다.
돈은 다른 단검이나 비주얼 이펙트, 함께 싸움에 나갈 애완
동물을 구할 수 있는 상자를 여는 데 사용하세요.

게임정보

개발자	prisman
하위 장르	전투, 미스터리
방문자수	
즐겨찾기	

당신을 위한 꿀팁

머그샷
타깃의 모습을 기억했다가 군중 속에서 타깃을 빠르게 찾아내세요. 가까이 가서 이름을 보는 것보다 멀리서 의상을 보고 타깃을 찾아내는 것이 훨씬 효과적이랍니다.

조심하세요
만약 플레이어가 당신을 따라오는 것 같다면, 여러분이 그 플레이어의 타깃일 확률이 높습니다. 따라오는 공격자로부터 도망치지 말고 마주하세요. 그리고 그 플레이어를 쓰러뜨리고 XP와 코인을 얻으세요.

올바른 시작
만약 레벨 때문에 단검 사용이 불가능한 상태라면, 대결 시작 후 단 몇 초를 잘 활용해 보세요. 타깃이 활동을 시작하기 전에 당신이 먼저 타깃을 찾았다면, 당신이 먼저 그들을 공격하세요.

가까이 또는 멀리
움직이는 타깃에게 단검을 던지는 방법을 배우는 건 꽤 까다롭죠. 미리 버튼을 계속 꾹 누르고 있어야 하니까요. 이 기술은 느린 타깃에게 사용하세요. 가끔은 가까이에서 죽이는 것이 훨씬 강하고 빠를 수도 있습니다.

PRISMAN

Assasin!의 개발자인 prisman은 2009년부터 Roblox 게임을 하기 시작했으며, 2011년부터 게임 개발을 시작하였습니다. 아래에는 Assasin! 을 더 잘하기 위한 팁과 그가 새로운 게임을 개발하는 방법, Roblox 커뮤니티와 관련된 그의 생각을 적어 보았습니다.

Assassin!의 최고의 기능에 대하여
prisman은 Assassin!의 사회적인 측면을 좋아합니다. 예를 들면 아이템을 교환하거나, 클랜을 만들거나, 그들만의 리그를 개최하는 것 말이죠. "게임 커뮤니티가 게임을 하면서 그들이 원하는 것을 만들어 나갈 수 있다면, 당신은 거기서 무언가 특별한 것을 얻을 수 있다고 생각합니다." 지금까지 Assassin!의 새로운 업데이트는 대부분 커뮤니티의 요청으로 이루어졌습니다.

게임 디자인에 대하여
"당연히 게임 플레이 메카닉부터 시작했죠." 이는, 메카닉이 그래픽이나 캐릭터의 품질이 아닌, 플레이어가 다시 게임을 하러 오게 만드는 디자인이기 때문입니다. "Assassin은 '타깃을 잡는 시스템'이죠. 만약 제가 확장하고자 하는 확실한 게임 플레이 메카닉을 가지고 있다면, 그 다음으로는 테마나 장르, 스토리로 넘어갈 것입니다."

동기부여 받는 것에 대하여
그는 Roblox 커뮤니티의 창의적인 분위기를 좋아합니다. "Roblox에서는 당신이 상상하는 거의 모든 것을 만들 수 있습니다. 시간과 노력만 들인다면요. 그리고 당신의 게임을 쉽게 사람들에게 보여줄 수 있죠. 다른 개발자들이 만든 창의적이고 상상력이 가득 담긴 게임들을 보며 저도 계속해서 의욕을 잃지 않고 개발을 해 나갑니다."

SWORDBURST ONLINE

Swordburst Online의 판타지 세계를 탐험하며 무서운 짐승들과 맞서 싸우세요.
당신은 전설의 무기를 찾거나 새로운 장비를 만들 수 있습니다.
파워를 충분히 올려, 무서운 세상으로 더 깊이 들어갈 수 있는 열쇠를 가진
에픽 보스들을 사냥하세요.

》》》 당신은 Vagrant's Keep에서 게임을 시작하게 될 것입니다. 전투를 준비하세요. 인벤토리에서 검과 갑옷을 착용한 후 기둥에서 Agnaroth Plains로 텔레포트하세요.

》》》 이 평원에는 멧돼지와 늑대가 돌아다니고 있으며, 첫 플레이어는 멧돼지를 사냥할 수 있습니다. 다른 짐승을 잡기 전에 잠시 기다리면 생명력이 다시 차오르기 시작합니다.

》》》 짐승을 죽일 때마다 경험치, 돈, 재료를 얻습니다. Vagrant's keep에서 당신의 레벨에 맞는 다섯 개의 아이템을 골라 공예품을 만들어 보세요.

》》》 다른 플레이어들과 팀을 이루세요. 그리고 탑의 미로에 들어서기 전 첫 번째 구역의 보스를 무찌르세요. Kobold King을 죽이고 무사히 통과하면 다음 층으로 갈 수 있습니다!

게임정보

개발자	AbstractAlex
하위 장르	RPG, 전투
방문자수	
즐겨찾기	

당신을 위한 꿀팁

전리품 드롭
적들은 죽을 때마다 희귀한 아이템을 떨어뜨립니다. 예를 들어, Dire Wolf of Agnaroth Plain은 죽음의 검으로 알려진 Skyduster를 떨어뜨리죠. 하지만 조심하세요. 더 강한 다른 늑대들이 이 늑대를 지키고 있으니까요.

킹슬레이어
Agnaroth Plains를 지나가기 위해서는, 죽지 않고 Kobold King에게 최소 20%의 데미지를 입혀야 합니다. 그러면 공격력과 방어력을 증진시키는 양손에 들 수 있는 검인 Justifier를 얻을 수 있습니다.

쇼핑
처음에 철검으로 게임을 시작하지만, 초보자 상점에서 창이나 방패를 살 수도 있습니다. 각 무기에는 특성이 있습니다. 방패는 방어력과 회복력을 높이며, 창은 더 강한 공격을 할 수 있죠.

대장장이
획득한 광석의 레벨에 따라 다른 무기를 제조할 수 있습니다. 강철 무기는 멧돼지로부터 Ivory Ore를 얻어 만들 수 있어요. 만약 제작 스킬이 5레벨을 넘었다면, Wind Ore를 이용해 더 강한 무기를 만들 수도 있답니다.

ABSTRACTALEX

Roblox에는 다양한 게임 개발자들이 있습니다. 몇몇은 혼자 활동하고, 몇몇은 팀으로 활동하죠. AbstractAlex는 다른 개발자들과 함께 일하는 것을 선호하는 개발자입니다. 어떻게 그가 Roblox HQ에 인턴으로 입사하였고, 어떻게 게임 개발을 시작하게 되었는지 알아봅시다.

개발의 시작에 대하여
"학교에 다녀온 후, 항상 친구들과 함께 MMORPG 장르의 게임을 했어요. 저는 유난히 다른 친구들보다 게임 제작에 관심이 많았고, 그렇게 개발을 배우기 시작했습니다. 각종 툴을 다루다가 우연히 가장 개발하기 쉬운 Roblox에 들어왔어요. 그때 코딩을 배우는 동시에 게임도 할 수 있었죠."

Roblox 인턴십에 대하여
AbstractAlex는 2015년에 Roblox에 인턴으로 있는 동안, 다른 최고의 개발자들과 함께 일을 했습니다. "Defaultio가 우주선 시뮬레이터를 만들었어요. 각 플레이어의 컴퓨터는 우주선의 터미널 역할을 하며, 무기, 힘, 전투 등을 조종했습니다. 영상기에 실제 우주선을 틀어놓은 채, 4명의 플레이어로 구성된 두

팀이 게임에서 싸웠죠. 너무나 특별한 경험이었어요!"

Roblox의 정말 특별한 비밀에 대하여
"만약 집 안에 아무도 없다면 가구도 없겠죠. 하지만 당신은 이런 걸 목격한 적이 없을 거예요. 당신이 무언가 본다는 것은 집 안에 있다는 뜻이고, 이는 곧 가구가 있다는 뜻이기도 하니까요!"

ACHIEVEMENT CHECKLIST

이제 당신은 어드벤처 게임의 아마추어 플레이어가 되었습니다.
이제 다음 단계로 넘어가 볼까요? 아래에는 게임에서 도전해야 하는 까다로운 과제와
뱃지를 얻을 수 있는 방법에 대한 리스트가 있습니다.
당신은 이 뱃지들을 전부 모아서 전설의 모험가가 될 수 있을까요?

NOMAD
APOCALYPSE RISING

750마리의 좀비를 죽이고 30일 동안 살아남은 극악무도한 플레이어만이 얻을 수 있는 뱃지입니다. 간단해 보이죠? 하지만 다른 생존자들이 당신을 사냥하려 한다면, 뱃지를 얻는 건 어려워질 겁니다.

TOP GUN
JAILBREAK

차량을 타고 있는 동안, 날아가는 헬리콥터를 쏴서 떨어뜨리세요. 그러면 뱃지를 획득할 수 있습니다. 헬리콥터를 떨어뜨리기 전에 강력한 무기를 갖고 있는지 확인한 후, 차량의 조수석에서 쏘세요.

CLOSE CALL
NATURAL DISASTER SURVIVAL

만약 이 게임에 익숙하다면 뱃지를 얻는 건 어렵지 않을 겁니다.
데미지를 받아 10 HP 미만의 상태로 체력을 유지한 채로 모든 재난에서 살아남기만 하면 되니까요

BIG BANG THEORY
INNOVATION LABS

이 뱃지를 얻는 방법은 간단합니다. 그냥 새로운 우주를 창조하기만 하면 돼요. 코어 조종실로 가서, 콘솔 왼쪽에 있는 3개의 버튼을 누른 후 Calibrate Receiver를 표시에 맞게 조절하세요. 그리고 나서 메인 패널 버튼을 누르고, 다리를 건너면 됩니다.

DEAD-VELOPER
SKYBOUND 2

개발자들에게 그들의 노력에 대하여 감사를 표하는 데 이보다 더 좋은 방법이 있을까요? 게임 내에서 Imaginaerum, Injanity, AlexxTC, Alexej200 중 한 명을 죽이세요. 그들을 뛰어 넘고 뱃지를 획득하세요.

PLUNDERER
TRADELANDS
이 뱃지는 오직 굳게 단련된 해적만이 얻을 수 있습니다. 무서운 해적이 되어 다른 Robloxian의 배에서 화물을 훔치세요. 그러고 나서 적어도 10명의 다른 선원이 노는 동안 이 화물을 파세요.

DISCOVER: SKY ISLAND
TEMPLE OF MEMORIES
명상의 기술을 터득하는 것은 Temple of Memories에 있는 Sky Island에 도달하는 것에 비하면 누워서 떡 먹기입니다. 만약 이 숨겨진 섬을 찾을 수 있다면, 당신은 깨우침뿐만 아니라 뱃지도 얻을 수 있을 겁니다.

SECRET BADGE
HEROES OF ROBLOXIA
악당인 Darkmatter를 없애 Robloxia를 지켜낸 후, 단 하나의 비밀만이 남았습니다. 비밀을 찾기 위해 모든 히어로 타워 구석구석을 탐색하세요. 그리고 이 신비한 뱃지를 차지하세요.

GREEN FLOWER
WOLVES' LIFE 2
높은 곳과 낮은 곳을 탐색해 가장 희귀한 꽃을 찾으세요. 그러면 이 뱃지를 획득할 수 있습니다. 이 뱃지를 얻으면 당신의 늑대도 반짝이는 초록색 이펙트를 가지게 될 거예요.

AIRBORNE ALIEN
ZOMBIE RUSH
1,000마리의 좀비를 전부 없애버리는 것도 좋지만, 농장 맵에서 UFO를 건들지 않는 이상 자신을 진짜 좀비 헌터라고 부를 순 없을 겁니다. 자, 이제 이 불가능에 가까운 미션을 도전하러 갑시다

DESTROYED SHIP
GALAXY
이 미션은 굉장히 쉬워요. 그냥 다른 우주선을 부수기만 하면 됩니다. 어차피 언젠가 할 일이잖아요. 유일하게 주의해야 할 점은, 이 우주선은 적이 직접 만든 것이어야 한다는 겁니다. 그냥 초보자용인 Wasp 우주선 말고요.

FLIGHT
SHARD SEEKERS

날아다니는 캐릭터나 애완동물으로 변신하여 육지 여행을 벗어나 다른 곳들을 더 자유롭게 다녀 보세요. 육지가 아닌 하늘로 다니면 Shard Seekers에서 가장 희귀한 뱃지를 얻을 수 있습니다.

LEGENDARY ORANGE GOAT BADGE
WHATEVER FLOATS YOUR BOAT

뭔가 이상한 이름의 이 뱃지는 절대 염소(goat)와는 아무 관련이 없습니다. 정확히 말하면, 레벨 50에 도달한 후 다섯 대의 배(boat)를 모두 침수시키는 겁니다. 그래도 뭐, 라임은 맞잖아요?

ABOMINATION!
PINEWOOD COMPUTER CORE

비밀 시설의 가장 어둡고 깊은 곳으로 내려와 아래에 숨어 있는 빛나는 초록색 피규어를 찾으면, 이 뱃지를 획득할 수 있습니다. 그들은 그렇게 멀쩡해 보이지는 않으니 너무 가까이 가지 않는 게 좋을 거예요.

EVOLVED
MINER'S HAVEN

이 뱃지는 얻는 데 시간이 조금 걸릴 겁니다. 먼저 부활하여 부활 아이템들을 얻은 후, 아이템을 합쳐서 진화된 부활 아이템을 만드세요. 그에 대한 보상으로 당신의 광산은 엄청 많이 발전할 거예요!

IMPRESSIVE AGILITY
FLOOD ESCAPE

이 뱃지를 얻으려면 실력과 일관성이 있어야 합니다. 하지만 규칙은 매우 간단해요. 싱글 게임에서 하드 모드를 5번 클리어하면 됩니다. 쉽죠? 하지만 실제로 해 보면 훨씬 어려울 거예요!

GAVIN'S SECRET
THE NORMAL ELEVATOR

로비의 키패드에 Gavin의 코드를 입력하여 새로운 차원으로 들어가세요(정말 정말 비밀이지만, 힌트를 드리자면 코드에는 9, 2, 7 그리고 3이 들어갑니다). 그런 다음 엘리베이터에 탑승해서 Gavin의 이야기를 들은 후, 이 멋진 뱃지를 획득하세요.

10 TRUCKS
MINING INC!

이 뱃지는 설명할 필요도 없이 너무나 명백하게 획득할 수 있는 뱃지입니다. 최소한 10대의 트럭으로 어두운 광산에서 쉽게 일하며, 이제 막 싹을 트기 시작한 당신의 광산 제국을 더욱 넓히세요. 이 과정에서 새로운 뱃지를 얻을 수 있을 거예요.

THE ULTIMATE DUNK
CLEANING SIMULATOR

당신의 뛰어난 스포츠 기술을 뽐내 이 뱃지를 획득하세요. 일단 농구공을 찾아서 BRIBBLECO 건물 옥상으로 올라간 후, 아래에 있는 농구대로 공을 던져 골을 넣으면 됩니다. 슉!

1000 GOALS
KICK OFF

축구화를 꽉 동여매고 해트트릭을 할 준비를 하세요. 여기서 당신은 총 1,000골을 넣어야 합니다. 얼마나 많은 라운드가 걸릴지는 상관없습니다. 한판에 2골을 넣든 1골을 넣든 간에 성공하기만 하면 돼죠.

COLORFUL DESIGNER
DESIGN IT!

멋진 의상을 직접 디자인할 수도 있지만, 돈으로만 살 수 있는 의상도 있습니다. 게임에서 구매할 수 있는 모든 이펙트를 활용하여 의상을 꾸며서, 당신의 뱃지 콜렉션에 이 뱃지를 넣으세요.

PLANET I
CLONE TYCOON 2

클론과 함께 새로운 행성이 있는 성층권에 도달하세요. 여성 우주 비행사와 함께 새로운 세계에 도착하고 나면, Eye Lord를 물리치세요. 그러면 이 영광스러운 뱃지를 얻을 수 있을 거예요.

COMPETITIVE TOP 100
ASSASSIN!

이 뱃지를 획득하는 데 50%는 운이고 50%는 실력입니다. 뱃지를 얻기 위해서는 인게임 시즌에 100명의 최고의 플레이어 안에 들어야 합니다. 정말 쉽지 않죠. 그리고 10명의 엘리트 모험가를 위한 뱃지도 있습니다.

다음에 또 봐요!

어어이, 이봐…

너는 이 세계를 가로지르며 충분히 모험을 즐긴 신비한 Robloxian이 틀림없군.
강한 바람이 하늘과 바다를 넘나드는 너의 이야기를 나에게 전해줬거든.
그리고 나는 이를 듣고 놀랐다네.
풋내기 선원치고는 나쁘지 않은걸.

하지만 이것만은 알아 두게나.
Robloxia의 모험은 결코 끝나지 않는다는 사실을.
너는 그저 다양한 모험을 거친 후 중간 지점에 도달했을 뿐이야.

한 가지 조언을 해도 되겠나?
물론 이 사실을 알고 있을 것 같지만 말이야.
한 곳에 너무 오래 머무르지는 말게.
Robloxia에는 매일마다 새로운 모험거리가 생겨나고 있거든.

지금도 Robloxia에는 1,000권에 달하는 책을 가득 채울 만큼 많은 탐험이 있다네.
그렇다고 너가 지금까지 잘해내지 않았다는 뜻은 아니야.
너의 진짜 모험은 이제 막 시작되었음을 기억하시게.

EZEBEL: THE PIRATE QUEEN

ROBLOX에서의 온라인 가이드

어린 친구들을 위한 가이드

온라인에서 시간을 보내는 건 정말 즐겁죠! Roblox가 여러분의 첫 온라인 게임일 수도 있기 때문에, 몇 가지 간단한 가이드로 여러분의 안전하고 즐거운 인터넷 시간을 도와줄 거에요!

- 절대로 여러분의 진짜 이름을 온라인에서 말하지 마세요. 여러분의 닉네임 또한 실제 이름으로 사용하지 마세요.

- 여러분의 사생활을 다른 사람들한테 알려 주지 마세요.
- 다른 사람들한테 나이나 학교를 알려 주지 마세요.
- 여러분의 부모님이나 보호자 이외의 다른 사람한테 절대로 비밀번호를 알려 주지 마세요.
- 인터넷에서 힘든 일이 벌어지면 부모님이나 보호자한테 꼭 이야기하세요.

부모님을 위한 가이드

Roblox에서는 보안과 프라이버시를 설정할 수 있어, 당신의 아이들이 무엇을 하고 있는지 확인하거나 통신을 통제할 수 있습니다. 또한, 아이들이 접근할 수 있는 게임의 범위를 제한할 수 있으며, 활동 기록을 확인하고, 사이트에서 부적절한 활동을 하지 않는지도 알 수 있습니다.

당신의 아이들이 다른 사람과 채팅, 게임 플레이, 메시지를 하는 게 싫다면 아이들의 계정으로 로그인을 한 후, 오른쪽 상단의 **톱니바퀴 아이콘**을 누르고, Settings를 누릅니다. 여기서 **보안**과 **프라이버시**를 설정할 수 있습니다.

- 모든 유저들은 가입할 때 자신의 생일을 기입합니다. Roblox는 나이에 따라 보안과 프라이버시 설정이 다르기 때문에 아이들 자신의 진짜 생일을 넣는 것이 좋습니다. 이 설정은 Settings에 가서 확인하거나 바꿀 수 있습니다.
- 아이들의 소셜 설정을 보거나 확인하려면, Settings로 가서 Privacy를 누릅니다. Contact Settings와 Other Settings 아래에 설정이 있으며, Everyone(모두에게 노출됨)이나 No one(모두에게 폐쇄됨)을 누르면 됩니다. 만 13세 이상인 경우에는 추가적인 옵션이 있습니다.
- 아이들 계정의 보안을 더 강화하려면, 4자리 핀번호를 설정하면 됩니다. 이 설정을 활성화하면 4자리 핀번호를 입력하지 않는 이상 설정에 들어갈 수 없습니다. 계정 핀번호를 활성화하려면, Settings로 가서 Security를 선택한 후, Account PIN을 ON으로 설정하면 됩니다.

다음과 같이 활동 기록들을 볼 수 있습니다.

- 아이들의 1대1 메시지 기록을 보려면, 왼쪽에 있는 메뉴 바 중간의 Messages를 누르면 됩니다. 메뉴 바가 보이지 않는다면, 왼쪽 코너에 있는 리스트 아이콘을 클릭하세요.
- 다른 사람과의 채팅 기록을 보고 싶다면 오른쪽 하단에 있는 Chat & Party 창을 누르면 됩니다. 이 창을 열고 유저 리스트를 클릭하면 아이들이 친구로 한 사람과의 채팅 기록을 볼 수 있습니다.
- 아이들의 온라인 친구와 팔로워를 보고 싶다면, 왼쪽에 있는 메뉴 바 중간에 Friends를 선택하세요.
- 아이들이 만든 게임, 아이템, 거래, 소리 등의 창작물을 보고 싶다면, 상단 바의 탭 중 Develop를 누르면 됩니다.

- 아이들이 다른 플레이어와 한 거래 내역과 구매한 가상 아이템을 보고 싶다면, 왼쪽에 있는 메뉴 바에서 **Trade**를 누르고, **My Transactions**에 들어가면 됩니다.

아무리 Roblox가 블록스럽고 디지털화되었다 하더라도, 아이들에게는 보여주기 잔인하거나 싫은 게임들이 있을 겁니다.

- Settings에 들어간 후 Security를 선택하고 Account Restrictions를 누르면 아이들에게 그런 게임들이 노출되지 않습니다.

모든 연령의 Roblox 플레이어들은 개인 정보가 유출되는 것을 막기 위한 필터가 있습니다. 하지만 필터가 항상 모든 것을 막을 수는 없습니다. Roblox는 유저들과 보호자에게 혹시라도 금지된 활동이 벌어지고 있는지 물어봅니다. 아이들의 계정을 체크해서 그들이 모르는 친구가 있는지 확인하거나, 그런 일을 대비해 아이들과 함께 무엇이 잘못되고 그릇된 것인지 대화해 보세요(언어 폭력, 금지된 행동이나 메시지, 사기 등).

- 만약 게임 내에서 금지된 행위를 봤다면, 모든 그룹, 게임 등에 있는 **Report Abuse** 링크나 모든 게임 메뉴에는 **Report** 탭에서 신고가 가능합니다.
- 만약 게임 내에 있는 사람을 차단하고 싶으면, 게임 화면의 오른쪽 상단에 있는 리더보드나 플레이어 리스트에서 해당 플레이어를 클릭하고, **Block User**를 통해 차단할 수 있습니다 (리더보드나 플레이어 리스트가 안 보인다면, 오른쪽 상단에 있는 닉네임을 클릭해 열 수 있습니다).

더 궁금한 것이 있다면, https://corp.roblox.com/parents 에서 더 많은 정보를 찾으실 수 있습니다.